心理学与高效能沟通

李恺阳◎编著

中国纺织出版社有限公司

内 容 提 要

有人滔滔不绝说得口干舌燥，却令人不知所言；有人言简意赅、三言两语，就令人心服口服。一句话说好，一件事就能成。把话说得好，让沟通变得高效，就需要深谙心理学，见什么人说什么话，把话说到对方心坎上，让语言焕发出神奇的力量。

本书从言谈举止、待人处事等方面阐述日常生活中沟通所需具备的语言策略、沟通技巧、沟通方式，帮助你领略说话的精髓，悟透说话之道，培养说话情商，走出表达误区，用语言满足对方的心理需求，从而成为一名真正会说话的社交高手。

图书在版编目（CIP）数据

心理学与高效能沟通 / 李恺阳编著. --北京：中国纺织出版社有限公司，2021.7（2024.4重印）
ISBN 978-7-5180-8398-5

Ⅰ.①心… Ⅱ. ①李… Ⅲ. ①心理交往—通俗读物 Ⅳ. ①C912.11-49

中国版本图书馆CIP数据核字（2021）第040040号

责任编辑：张　羽　　责任校对：高　涵　　责任印制：储志伟

中国纺织出版社有限公司出版发行
地址：北京市朝阳区百子湾东里A407号楼　邮政编码：100124
销售电话：010—67004422　传真：010—87155801
http：//www.c-textilep.com
中国纺织出版社天猫旗舰店
官方微博http://weibo.com/2119887771
北京兰星球彩色印刷有限公司印刷　各地新华书店经销
2021年7月第1版　2024年4月第2次印刷
开本：710×1000　1/16　印张：13
字数：118千字　定价：65.00元

前言

常言道："一言可以兴邦，一言可以亡国。"说话当然是一门深奥的学问。话说好，事就成。众所周知，说话作为沟通最常见的方式，占据着重要的地位。工作中，不管是向领导汇报工作，还是与客户谈判；生活中，不管是教育孩子，还是与伴侣交流；交际中，不管是认识陌生人，还是与朋友亲密，都需要用语言传递信息，只有把话说到对方心坎上，才能让关系变得和谐，我们所希望的一些事情也才能成。

现代社会，竞争力的重要性不断提升，人与人之间的交际、你来我往的商业谈判常常发生，而尴尬窘迫、故意挑衅的场合也是不胜枚举。在这样一些场合，说话其实就是心理博弈，一句话可以让人笑，一句话也可以让人跳。说话源于内心思想，只有深谙心理学，才能将话适时说到对方内心。

在人际交往中，如果我们不能有效识别人心，不懂得与人交往的原则，没有把握好与人交往的分寸，就会在激烈的社会竞争中落于下风位置，就会在复杂的人际关系中受制于人，使自己处于被动局面，进而出现人际关系危机、事业危机，甚至稍有不慎就会掉进别人的陷阱和圈套，使自己的人生遭到重创。

说话是人们传递信息和情感、增进彼此了解与友谊的基本方式，不过在沟通中想要把话说对却不是一件容易的事情。若是与不太熟悉的人说话，最不容易的是选择什么样的话题；注意说话的技巧，提问与回答并用，以姿势语言辅助，变换各种说话技巧，假如能持续聊10分钟并让对方产生兴趣，那便是良好的交际。

所谓的说话水平高，就是会利用心理学营造舒服的聊天模式。说出来的话不仅能让人听着舒服，还可以达到巧妙说服的目的，所以会说话的人总是很受欢迎，不管是生活还是工作都能经营得风生水起。

编著者

2020年12月

目录

第一章

能说会道，让你人生开挂

学会沟通，人生之路更顺畅

沟通，是一种连接人与人之间情感的交际方式，它关乎思想、关乎信任、关乎情绪，关乎各个方面，可以说，一个人沟通能力的强弱对一个人的一生都会有很大的影响。沟通无处不在，不仅局限于生活的某一个角落，一个人只要和外界社会接触，就不可避免地要与他人进行沟通和交流。沟通与每个人都息息相关。学会沟通，人生之路才能顺畅通达。

陈晓敏毕业那年，到一家外企的销售部门做销售员，这家企业的待遇非常优越，发展前景也是一片大好，刚去公司没多久，陈晓敏就决心一定要对得起这份工作，处处要求自己拔尖。年终考核时，陈晓敏的业务量在同期入职的应届生中遥遥领先，受到了领导们的一致好评。不久，陈晓敏就成了整个办公室的顶尖人物，她的表现非常突出，有时，她为了显示自己的能力，不惜包下一个组的工作来“单挑”。

陈晓敏表现出众，这是大家有目共睹的，但是毕竟陈晓敏刚来没多久，也算是公司的新员工，经理多次对她说：“陈晓敏呀，你真的很能干，成绩也很突出。但是你毕竟来公司不久，是否有什么不懂的地方需要我们帮助呢？”

“谢谢经理，没关系，我相信我一定能做好的，请您放心！”听到经理的称赞，陈晓敏干活儿的劲头更足了。可唯一让经理感到遗憾的是，陈晓敏工作能力虽然很强，但是有一次，她非但没有按公司的要求如期完成任务，反而差点儿让公司失去一个大客户。而她失败的原因，就是不善沟通。

这个工作是经理特意让陈晓敏做的，那天，经理因为临时出差，就把一项重要的工作交给了陈晓敏，因为这项工作确实重要，经理一再向陈晓敏强调：在工作时，要先从其他同事那里了解一下客户的情况，再和客户沟通，这样更有利于工作。

过了些日子，经理回到公司后，陈晓敏立刻被老板叫到办公室批评了一顿。原来，陈晓敏的工作出问题了，因为她与客户没有沟通好，导致这个大客户拒绝了与他们公司的长期合作。幸好老板亲自出面，才算勉强留住了客户。

经理很惊讶，因为在他眼里，以陈晓敏的工作能力，是完全可以胜任这项工作的。为了弄明白原因，经理找到陈晓敏问情况，但陈晓敏的一句话，让经理大失所望。

陈晓敏说："经理，这个客户真的毛病了太多，简直不可理喻，我从来没见过这样的人，我实在没有精力和他周旋下去了。"

经理说："你不要把责任推到客户的身上，你为何不审视一下自己哪里做得不好呢？临走之前我就告诉过你要事先了解一下客户的具体情况，在沟通之前先到其他几位同事那里多了解一下客户的情况。"

陈晓敏不屑地说："不是这样的，你说的那些同事，和我一样是刚进公司的，他们的能力连我的一半都不如，我和他们说不上几句话就会吵起来的。”

听了陈晓敏的话，经理感到非常失望，他说：“对于销售，你光有能力是远远不够的，想要成为一个成功的销售者，你必须首先让自己成为一个沟通高手。”

半年以后，经理调离到其他岗位，陈晓敏心想：“这下付出该有回报了，我肯定是升职的不二人选。”

然而，陈晓敏并没有得到公司的提拔，公司选了一位能力明显低于她的同事。陈晓敏气不过，跑去向老总问个究竟，老总说：“这个职位需要有团队合作精神，并且要善于向他人学习、整合各种可以利用的资源，而不是单打独斗，所以你并不适合这个岗位。”

不会沟通，你就不会交际，那你做起事来就会事倍功半，麻烦许多。朋友们，沟通无处不在，沟通力就是你立足社会必备的一项技能。强大的沟通力不是与生俱来的，但是只要大家掌握了一定的技巧和方法并加以锻炼，相信大家一定能成为不折不扣的沟通高手。

那么，我们如何运用一定的技巧进行沟通呢？

1.提升自己的受欢迎度

怎样的人算是一个会沟通的人呢？当然是受大家欢迎的人。若一个人在沟通中总是出现这样或那样的问题，又怎么可能受欢迎呢？在沟通过程中，我们需要做到尊重对方，懂得忍让，彬彬有礼，慢慢地，我们就会逐渐变成一个受欢迎的人了。

2.沟通要避免攻击性

有一些人，在和他人交谈时，他们常常尖酸刻薄、咄咄逼人，带有挑衅意味。这些人争强好胜，不懂人际关系的维护。卡耐基对此说：你可能赢了辩论，可是你输了人缘。任何咄咄逼人的话都是带有攻击性的，会让对方感觉不舒服，阻挡愉快的、开放式的交流。

3.沟通要懂倾听

举例来说，在夫妻关系中，妻子往往更偏重于表达，殊不知，学会倾听是令沟通畅通的第一步。当与丈夫产生矛盾之后，积极地倾听他的想法会有助于缓和局势，解决问题。同时，还要学会多鼓励和表扬，少训斥和责备，这样会促使对方做得更好。

当别人在说话时，你要直视他的眼睛，但是请别忘了：面带微笑。微笑表示的意思就是：喜欢你，很高兴见到你。当你与人接触的时候，尽量地微笑，这会让你大受欢迎。中国有句俗话，“伸手不打笑脸人”，在找人办事的时候，你的微笑能带给你意想不到的效果。

好口才为你保驾护航

现实生活中，常常听到有人感叹“处世难”，其实原因无他，不过在于他们不知如何巧妙地将口才智慧、社交技巧与处世谋略结合起来。他们害怕说错话、害怕被误解、害怕被拒绝，因此三缄其口、沉默不语。殊不知，口才不仅是一种智慧、一种能力，更是一种生活的态度。当今社会，一个人若想获得成功，不可避免地要与人打交道、要融入社会、要学会竞争与合作，而好的口才则是为你的成功保驾护航的重要法宝之一。可以毫不夸张地说，语言交流贯穿我们一切生活与工作过程，一个不善于沟通、不愿意和他人交流的人是很难成就自己的人生的；相反，一个勇敢无畏、敢于开口、敢于与人沟通的人则往往能获得人们的认同，因此也更容易获得成功。

台湾保险业的“大姐大”、国泰人寿保险公司的高级顾问与精神标杆庄秀凤女士就是一个敢说敢做、该开口时就开口的自信女人，而正是因为她的主动与自信，她的事业才有了今天的辉煌。

庄秀凤原本只是一个内勤会计，因为要替父还债，所以才投身保险行业。她有一句名言：“只要是人不是鬼，都可以成为增员对象。”她利用一切机会为公司增员，真正实现了“人生何处不增员”的目标。

有一次，庄秀凤得知老人慈善基金会需要义工，就赶紧主动报了名。有人讥讽她说，基金会的老人大多都七八十岁，最小的也五六十岁了，怎么可能成为增员的对象！但是庄秀凤胸有成竹地说：“有人的地方就有机会。”

果然，当得知基金会的理事长杨妈妈有一个女儿没有工作时，庄秀凤感到机会来了。于是她马上追问：“那她现在做什么呢？”

杨妈妈回答：“她硕士毕业后，就嫁给了医院的院长，现在做少奶奶。”

有人一听这话，或许立刻就打了退堂鼓："请院长夫人做保险，这不是异想天开吗？"然而庄秀凤并不这么想。她转而做起了杨妈妈的工作："您想让您的女儿出来工作吗？"

杨妈妈有些为难地说："我一直觉得她大学毕业，却没有发挥所长，很可惜。只是……她很难被说服哦！"

"没关系。只要您能介绍我和她认识就可以了。"庄秀凤自信地说。

且不论庄秀凤是如何凭借高超的技巧说服了院长夫人，使她成为保险业的一员，单就庄秀凤这份敢于开口的自信与勇敢，便值得众人敬佩与学习。开口或许会遭到拒绝，但最多只是遭遇一时的尴尬而已，而不开口则永远不可能获得成功的机会。

现实生活中，胆小怯懦、不敢与人沟通交流的人比比皆是。谨言慎行固然可以明哲保身，但孤僻、胆怯、很少与人沟通的做法则更是不可取的。机会常常在你的缄默中悄悄溜走，与其羡慕他人的成功，不如勇敢地开口、主动去争取机会。一个好的工作岗位，一个倾慕已久的好姑娘、好小伙，都需要你有勇气主动地去努力、去追求。不要害怕失败，没有尝试过，你怎么能知道等待你的是什么样的命运呢？

究其深层次的原因，不敢开口、害怕与人交流的人往往是因为缺乏自信。有的人或许表面上看起来清高，实际上却有着深深的消极的自卑感——他们认为，在别人的眼里，自己是不可爱的、不受欢迎的，因此他们否定自己，进而在行为上表现得让人难以接近。假如你是这类人，那么你一定要鼓足勇气，鼓励自己，利用一切机会去与别人沟通、交流。渐渐地，你会发现，其实你并不像自己想象得那么糟糕。随着越来越多的人喜欢你，你也会越来越自信；而这份自信，就是你战胜自我、创建良好人际关系的法宝。

长得漂亮不如说得漂亮

出色的容貌是一个人先天性具有的竞争力，漂亮的面孔比一封介绍信还要具有推荐力。能够拥有一张美丽的面孔无疑是幸运的，但万万不能把这上天的恩赐当成有恃无恐的资本。毕竟，随着岁月的推移，漂亮的外壳最终将会被上帝收回，洗尽铅华之后，依靠脸蛋吃饭的人将会一无所有。

长得漂亮的人可能会在最初的竞争和交际场合脱颖而出，但是如果不重视后天的学习，素养较差、语言粗俗、胸无点墨，那么，他在成为短暂的交际中心之后，就会因为语言缺乏魅力而遭到众人的抛弃。在交际场合，我们经常可以看到，有些相貌平平的人，依靠着自己妙语连珠的口才、高贵典雅的气质博得众人的喝彩，从而增添了人格魅力。

有一位年过花甲的老太太去参加一个聚会。她精心地对自己进行了一番打扮，头发纹丝不乱，项链和耳环都是经过了仔细的挑选之后才戴上的，就连指甲上也仔细地涂上淡淡的色彩。但是，因为年纪太大，她那满脸的皱纹和打颤的左手无法掩饰。

有一位年轻漂亮的女士对这位老太太有些轻视，向同伴们低声笑道："看这位老太太的脸和核桃皮似的，还要打扮成这样，岂不成了老妖精了吗？"她的伙伴们听到之后，肆无忌惮地在客厅之中大声地笑了起来。这位漂亮女士的评价固然是没有错的，却让当事人听了感到不舒服。

老太太微笑着走了过来，尽管她的表情比较慈祥和善，但是张开涂着口红的嘴巴的样子实在是有点丑陋。她对这位年轻的女士说："漂亮的女士，实在是没办法，我已经患了帕金森综合征两年了，无论怎么打扮都不能掩饰现在的苍老和丑陋。"

漂亮的女士一时间愣住了，不知道说什么好。她的心里在为刚才的失言而懊悔。

老太太又说道："其实我知道我的装扮显得很突出，但是我又不想慢待和我见面的人。在我很小的时候我的母亲就教育我说，要用合适的装扮表示对别人的尊重，这些年来我一直不敢忘记这条原则，因此也得到了朋友们的认可。"

漂亮女士愕然了，脸上有些发烧，对这位老太太也肃然起敬，诚恳地向她表示歉意。两个人开始了友好的交谈。在聚会结束的时候，两个人好像相识多年的老朋友一样握手告别，依依不舍。

每一个人都希望得到谈吐优雅的评价，而不愿意被人嘲笑为花瓶，我们从中应该能看出口才和外貌的轻重关系。有着好口才的人，能产生吸引人心、无法抗拒的力量，这种力量并不是漂亮的外表所能具有的。

在生活中，我们对于漂亮的女人只是短暂地赏心悦目，而对于善于言谈的人却能深深地铭记于心。漂亮的容貌只是外表，引起的不过是感性兴奋；而口才则是来源于内心，内在的东西才更能打动我们的灵魂。

章启月是中国外交部的第三位女发言人，现在是中国驻希腊大使。她在担任外交部新闻发言人期间，成为了各国媒体关注的焦点。其中原因并不是她那出色的外表，而是其出类拔萃的语言表达能力。无论面对任何棘手的问题，她都处之泰然、反应敏捷、沉着应答，回答记者的提问能够做到滴水不露，从不拖泥带水，她的表现代表了一个国家自信、稳健的形象，获得了不少人的好评，她更是被外国媒体称为“北京美人”。

法国著名的女作家莫洛亚曾经说过：“漂亮的人怀疑自己的智慧，聪明的人又怀疑自己的魅力。”我们可以这样理解：“漂亮的人重视美丽的外表，聪明的人重视内在的魅力。”漂亮的外表最终会随着时间的流逝而消失，而通过精妙的语言所体现的内在魅力却犹如陈年老酒，散发出浓郁的香味。

口才，是一个人的修养、性格、气质的综合体现，它的来源不是上帝的垂青，而是个人的努力。通过个人的努力所追求到的东西，会融入到血液中，伴随自己一生，是不会轻易失去的。一个人没有漂亮的外表并不可怕，可怕的是没有说话的技巧。如果你能适当地使用优雅的语言表达思想，展现出自己独特的个性，那么，哪怕是貌不惊人，你也能为自己增添光彩，吸引他人的目光，成为交际场合的中心点。

未语先观来意，开言要顺人心

许多年前，我国著名的相声大师马三立曾经说过一段相声，名字就叫《人情话》。他在相声中说，日常生活中说话，要讲究分寸，也要讲究艺术，说出来的话要让人爱听。“未语先观来意，开言要顺人心”，察言观色，将话说到对方的心坎上，才能受人欢迎，否则就会遭人厌恶。

他在相声中讲了这么一件事：

一个年轻人遇见一位老大爷，于是开口寒暄：“大爷，您今年高寿？”

“小着哪，七十六。”老大爷回答。

“哎哟，您不说我还以为您才六十出头呢！看您这精神，多好啊！人间五福寿为先，老爷子，您活到九十九没问题。”

老大爷一听乐坏了，立刻就拉着小伙子的手邀他到家做客去。

还有一位年轻人也遇到了这位老大爷。他是这么说的：“大爷，您今年多大岁数啦？”

“小着哪，七十六。”老大爷回答。

“七十六还小？好家伙，不小了。好家伙，你都完了你。七十六了，我看你这模样，就像九十多岁的。怎么样？还能吃东西吗？够呛够呛，你呀，有造化，赶上这时候了。要是秦始皇那年头，六十不死活埋，你都埋十好几年了。”

可想而知，老大爷气得胡子直翘，连声喊：“滚蛋！滚蛋！”

这虽是一个笑话，却说明了一个道理：人人都爱听好听的话。俗话说：良言一句三冬暖，恶语伤人六月寒。常说人情话、善于说人情话的人必定是心怀善意的人，也一定是善解人意的人。

人情话好听，人人都想说好人情话，那么怎样才能将话说到对方的心坎里呢？最简单的方法便是察言观色。察言观色是直击人心的关键，一个人的衣着、行为、姿势都会在毫无察觉之间出卖他的主人。仔细观察、用心揣摩，才能了解人心、懂得人性，说出的话才能让对方听了如沐春风。

高中同学聚会，朱大山因为最近生生意做得风生水起，赚了一大笔钱，还包养了一个漂亮的“小情人”，因此得意扬扬、沾沾自喜，在酒席上大肆吹嘘起来。他没有注意到，同桌的老同学李小华脸色越来越阴沉，闷着头一根接一根地抽烟。

原来，和朱大山相反的是，李小华最近做生意亏了本，老婆也因此和他离婚，跟一个“大款”跑了。李小华正处于人生的低谷期，朱大山的话，无异于在他心口上撒盐。周围有了解内情的同学，察觉他脸色不对，于是连连朝朱大山使眼色，而朱大山却沉浸在自己的“辉煌战绩”中，浑然不觉。

终于，当朱大山说到“女人就是贱，谁有钱就跟谁；但男人没本事，也难怪留不住女人”时，李小华终于忍不住了，他大声说了句：“屁话！”朱大山一听，立刻跳了起来：“你说谁‘屁话’？”

“就说你了，怎么的？”李小华憋了一肚子气，没好气地大声回答。

朱大山自然火冒三丈，一场恶战不可避免地开始了。最后，同学会不欢而散，朱大山与李小华这一对昔日好友也成了老死不相往来的陌路人。

一对老朋友反目成仇，令人唏嘘。然而这一切都是朱大山在说话时未能察言观色、体谅他人所造成的恶果。俗话说："矮子面前不说短话。"李小华的不快已经摆在脸上，朱大山却依然口不择言，碰触他人的痛处，难怪李小华会勃然大怒，以致两人交恶。

可见，察言观色在人际交往中是何等重要。不会察言观色，就相当于不知风向便去转动舵柄，最后处处碰壁，甚至伤人伤己；而学会察言观色，就可以进行正确的推理和判断，观人于咫尺之内，在人生的竞技场上挥洒自如。

说话水平的高低直接影响着人生的成败与得失，这一点是人人都明白的道理。若想做一个说话的高手，说好人情话、将人情话说到对方的心坎里，就一定要学会察言观色。了解对方的内心世界，才能对症下药、顺应人心。

有能力，更要说出来

虽然，我们经常听到这样一句话——"能力并不是只靠嘴巴说出来的"，但是，不可否认的是，在很多时候，即便是你具备优秀的能力，如果不说，别人又怎么会知道呢？所谓的有能力，有时也是靠“说话”说出来的。

俗话说：“酒香还怕巷子深。”更何况是一个人所具备的能力呢？一个有远大志向且具备卓越能力的人，假如连话都不会说，他又怎么能向众人证明自己的能力呢？或许你会反驳，能力大多是通过“做”出来的。然而，对于那些埋头默默做事的人来说，若不具备一定水平的口才，那他所发挥出来的能力将会黯淡不少，甚至可以说，发挥出来的效果将减少一半。因此，如果你有能力，那么就更应该学会“说话”，如此，才会让你的能力得到最大限度的施展。

小王是中学政治老师，在学校里，他可谓最优秀的讲师了，不仅能力很强，而且讲课的功夫特别棒。许多同事询问其秘诀，小王总是呵呵一笑：“秘诀就是要会说话。对于我们老师来说，既要肚子里有货，也要能倒得出来。即使一个老师很有学识，若是不会说话，那他的能力也是无法发挥出来的。”

对于说话，小王老师可以说是相当精通，就连说话里的“提问”环节，说起来也是学问颇深，他常常这样说：“我们在提问时，要分层提问，化难为易，化大为小，把课堂提问当作一门艺术，这样，我们才能够运筹帷幄地统领全局。另外，这样的提问方式也能够很好地结合学生的实际，将提问有计划、有步骤地系统化，以层层深入地引导学生向思维的纵深发展。”

举一个简单的例子：

在一次政治课上，小王在讲到“商品”这个概念的时候，他设计了一连串由浅入深的问题来启发学生层层地深入了解。课堂一开始，小王就提问：“同学们，我们吃、穿、用的物品是哪来的？”学生异口同声地回答：“市场上买的。”小王老师接着问：“那市场上出售的商品又是从何而来？”有学生回答：“劳动而来的。”小王老师继续问：“所有的物品都是劳动产品吗？所有劳动产品都是商品吗？”学生们摇摇头，却又说不上来，小王老师问：“原因是什么呢？”这样几个问题一一回答下来，使得“商品”的外延范围越来越小，逐渐显示出了内涵。最后，小王老师轻松揭示了答案：“商品就是用来交换的劳动产品。”课程结束后，小王老师总结说：“这样的提问方式，循序渐进，能够带领学生轻松地跨越思维的台阶，学生比较容易接受。”

老师这种职业，特别需要说话的技巧，其实，在生活中，还有许多职业都需要说话，比如，导游、主持人等。对这些职业的人来说，除了本身所具备的专业知识之外，还需要具备一项特殊的技能，那就是——说话。因为只有通过说话才能证明你自己的能力。就老师来说，即便是读了万卷书，如果不懂得如何表达出来，学生也还是会认为这不算多优秀的老师。因此，对于此类的职业来说，尤其需要多作说话的练习，以此来证明自己的能力。

或许有的人认为，自己并不是老师，也不是导游，更不是主持人，只是一个做技术的员工，那自己肯定是不需要具备什么说话的能力的。这样的想法是有偏差的。当然，如果你仅仅想成为一个默默无闻的员工，从来没有想过晋升职位或者是进一步增强自己的能力，那不具备说话能力也还是可以的。但是，有多少人愿意平庸地在一个岗位上待一辈子呢？

那么，我们应该怎样证明自己的能力呢？

1.有的能力需要通过“说话”才能展露出来

以上我们已经说过了，有的能力需要通过“说话”才能展露出来，除了我们所说过的老师、导游、主持人，还有领导者也是。对于一个领导者来说，他的能力、威信以及对下属的管理，都是通过说话表现出来的。因此，说话就会成为其不得不必备的一种技能。

2.有能力也需要大胆“说”出来

在生活中，有的人明明具备了突出的能力，但他总是表现得异常低调，似乎在等着伯乐来发掘自己。但是，现代社会，千里马向伯乐自荐的例子已经是不胜枚举，如果你总是不敢“说”出自己的能力，不愿意推荐自己，那么你的一身本领最终只能被埋没下来。

即使你的能力只需要“做”出来，假如你不擅长说话，或许你的功绩将会被别人抢走，又或者你始终在原地踏步。因此，为了能够让自己的能力充分地发挥出来，我们应该学会说话，或是向领导推荐自己，或是向众人展露自己。

第二章

幽默风趣，让社交语言升温

幽默语言，助你塑造好形象

幽默感是一个人最宝贵的品质之一，也是一个人精神的最高境界。不管是在家里，还是在工作、生活中，如果你具有幽默感，那么你将拥有更多的朋友、拥有乐观处世的心态、拥有一份轻松的心情，生活将会充满七彩阳光、欢声笑语。

刘海璐人长得很漂亮，在一家公司担任公关部经理的职务。

这一天，刘海璐穿了一条白色的连衣裙陪同经理一起参加宴会，出现在宴会上的刘海璐，在人群中显得十分美丽出挑。宴席之上大家有说有笑，举杯庆祝，有一位八九岁的小男孩，看见众人举杯敬酒，慌忙站了起来，一不小心把杯中果汁洒在了刘海璐洁白的套裙上……小男孩愣愣地呆站着不知所措，好像很害怕这位漂亮的阿姨会责怪自己，男孩的父母慌忙向刘海璐连连道歉。刘海璐笑着对小男孩的妈妈说："没关系的。"然后刘海璐摸着小男孩的头幽默地说："你瞧阿姨衣服上的这朵花漂不漂亮啊？"小男孩笑了，可爱地回答道："漂亮。"

小男孩的父母随之也松了一口气，经理也在一旁对刘海璐投来了嘉许的目光。

一个幽默的回答，使刘海璐获得了小男孩及其父母的感激；一个幽默的回答，使刘海璐获得了经理的嘉许；一个幽默的回答，使刘海璐获得了他人的敬重。这就是幽默的力量，幽默可以化解尴尬，幽默可以提升人气，幽默可以助你塑造好的形象。

我们继续看下面这个案例：

传说李鸿章有一个远房亲戚，胸无点墨却热衷科举，一心想借李鸿章的关系捞个一官半职。他在考场上打开试卷，竟无法下笔。眼看要交卷了，便灵机一动，在试卷上写下“我乃李鸿章中堂大人的亲妻（戚）”，指望能获主考官录取。主考官批阅这份考卷时，发现他竟将“戚”错写成“妻”，提笔在卷上批道：“所以我不敢娶你。”

“娶”与“取”同音，主考官针对他的错字，来了个双关的“错批”，既有很强的讽刺意味，又极富情趣。这就是巧用幽默的好处。如果你想幽默地反击对方，不妨学习一下上面这种“一语双关”的幽默技巧。

幽默是一种无形的力量，它是人的内在气质在语言上的外化。幽默是一种简洁而深邃的表达艺术，它直达人的内心深处。幽默也是一种能力，幽默的人必定具有过人的聪明和智慧。幽默能够帮助我们在社会交往中与人建立一种和谐关系。做一个幽默的人，你的生活将会充满欢乐。

如果你想培养自身的幽默感，你知道该怎么做吗？

1.做一个达观的人

有人说：“幽默属于乐观者和生活中的强者。”这话很有道理。

幽默的谈吐是建立在你思想健康、情趣高尚的基础之上的。一个心地狭窄、思想颓废的人不会是幽默的人，也不会有幽默感。一个人只有有了高尚的情操和乐观的信念，才能对一些不尽如人意的事情泰然处之，以幽默轻松应对。

2.要把握好说话的尺度

在幽默沟通的过程中切忌不明确目的、不掌握尺度的行为。幽默的尺度，也是幽默的支点，通常人们所运用的都是嘲讽假恶丑、颂扬真善美的道德尺度，即对幽默题材对象运用正确的道德评价，不用愚昧去嘲笑科学、不用错误的标准去攻击正确的事物。

3.多学习他人的说话方式

俗话说："近朱者赤，近墨者黑。"多与有幽默感的人接触，可以让你在对方的潜移默化中增加幽默感。而社交活动则是你运用幽默、锻炼幽默的最佳场所。什么事情都需要在实践中加以提升，否则只能是空谈。

幽默可以获得交际对象的好感。获得对方的好感是交际活动成功的关键之一，通常来说，大家都更喜欢比较有幽默感的人，因为整天严肃着脸对他人来说真的很累。人人都喜欢那些给人带来欢乐的人，一个人开怀大笑，让人舒畅；而一个人死板着脸，会让人感到压抑，自身也会越发受到孤立。

借助幽默，活跃社交气氛

幽默是日常生活中不可缺少的调味品，比如，当朋友们一块儿结伴去旅行，或者相邀聚会时，旅途中的疲惫或长时间静坐相对无语，一定会让人觉得沉闷难受；如果这时有人讲一个笑话，一定能调解当时的气氛，增加很多乐趣。一个人如果具备了幽默的品质，那他就会成为朋友中的开心果，朋友也会因为他的存在而感到更为快乐。

天宇在生活中是个现实版的幽默大师，无论什么时候都能带给身边的人欢乐。同样，在工作上，这样开朗的性格和幽默的作风，让他在公司里很吃得开。就算遇到不如意的事情，天宇也能凭借着自己的幽默机智化险为夷。

天宇在当地一家模具厂工作，这一天要对车间进行盘点。作为车间主要负责人的天宇对盘点事项作了详细的安排，可是，因为经验不足，天宇的方法有点浪费时间，并不是一个快捷有效的方式。就在大家忙得团团转的时候，领导不知道什么时候过来了。他转了一圈之后，立刻就喊道："快停下来，停下来。"

大家都停了下来，只见领导把天宇叫过来，大声责骂："天宇，你这是怎么搞的，这点事情都做不好，你还能做什么事啊？"受了领导的训斥，大伙儿都替天宇担心，领导这样在众人面前批评，肯定让天宇难堪，当时气氛非常尴尬。

天宇听了领导的话，却是嘿嘿一笑，一本正经地对领导作了一个揖，说：“小的知道错了，请老爷明示！”

看了天宇这样搞笑的动作，听见天宇这样幽默风趣的话，领导的脾气立刻消了，笑着说：“你这小子，就是不长记性。”于是领导开始对天宇谆谆教导，告诉他这样的盘点方式是不对的，并告诉他应该怎样做。

听了领导的教导，天宇不住点头，说：“学生受教了，谢谢老师指点迷津。”

而领导也受了天宇的感染，说了一句“孺子可教也”，便背着手微笑着回办公室了。

幽默风趣的人往往能在别人心中留下一个好印象。生活中，学会幽默，不仅能消除人与人之间的陌生感，还能化解人与人之间的尴尬。诙谐、幽默，不仅会给别人带来快乐，这种特质也会成为你与他人沟通的助推器，打造你的魅力气场。

如果你感到场面有点尴尬，或者说气氛没有达到你的期望，那么你就要开动脑筋，用幽默风趣的话语带动现场的气氛，这样你才能与他人进行良好的沟通。在沟通的过程中，气氛是非常重要的一部分，如果现场气氛非常压抑，你就很难达到良好的沟通效果。

在一些人员比较多的地方，如果你想借助幽默来活跃气氛，那你就需要把握一些技巧，以免说话不当造成乌龙。那么，如何展现自己的幽默是最合适的呢？

1.避免恶作剧式的幽默

幽默本是为了愉悦，而不是为了惩罚。弗洛伊德说过：恶作剧就是平时压抑的情感与欲望得到的一种发泄。发泄情绪没有错，可前提是千万别伤害他人，特别是与自己关系亲密的家人和朋友。很多时候，那些不怀好意的恶作剧，会令你失去他人对你所有的信任与好感。

2.时机一定要把握好

在社交场合中，谈笑也要特别注意，应恰如其分，因地、因时制宜。如果大家正聚精会神地研究讨论一个很重要的问题，而你突然在这时插进了一句全无关系的笑话，非但不会令人发笑，反而让人觉得受到干扰。这样的行为又怎能调动起气氛呢?

3.内容不要低俗

如果你用低俗的幽默话语跟人打交道，那你非但不会得到他人的赞许，反而会让人反感、厌恶，因为你连文明用语都做不到，这是一种不太礼貌的行为，也不适合较多人的场合。而且，低俗的幽默会让大家感到尴尬，不仅活跃不了气氛，还会制造新的难堪。

幽默的言谈方式在人际交往中非常受欢迎，往往能够达到事半功倍的效果。在如今这个时代，生活节奏越来越快，每个人都紧绷着神经，你在不经意间的一个小幽默，可以在最短的时间里给人留下最深的印象。

沟通中妙用俗语歇后语

唐朝的时候，国家昌盛、人丁兴旺。到了唐朝后期，官场上逐渐出现了卖官鬻爵的现象，导致了那时的官场乌烟瘴气。

在一个偏远的小县城，县太爷为了给自己赚点外快，便开始向下面的人卖官。好多有钱人都给县太爷送了银子，很快地就被安排到各个岗位上岗去了。有一位书生也想当个小官儿，尝尝官味儿。他一直和这位县太爷关系很好，所以他也被列入了候选人名单。可是他就是没有钱可送，所以一直待在家里迟迟等不到分配的消息。这个书生心里又急又气，于是在鞋带上系上一百多个铜钱，哐啷哐啷地去见他的老朋友县太爷。

县太爷见了很奇怪，指着钱就问："你为什么把它系在鞋上呢？"

这个书生回答："俗话说'有钱走遍天下，没钱寸步难行'，我因为寸步难行才把钱系在鞋上的啊！"

县太爷听了知道好朋友是在讽刺他，面红耳赤，心中非常生气，便随便应酬了几下。事后，他干脆把那个书生的候选资格也取消了。

上面的故事当中，书生运用"有钱走遍天下，没钱寸步难行"这样的俗语讽刺了县官只认钱不认人的丑陋行为。这也和我们现在社会里所说的"有钱能使鬼推磨""钱不是万能的，但是没有钱是万万不能的"这样一些俗语基本相像。要看一个人掌握的词汇量的多少，我们可以从与这个人的谈话交流当中得知。那么，一个掌握了大量俗语和歇后语的人，在谈话交流的过程中就必然可以把这些词汇运用自如吗？非也。在人与人的交流当中，我们如何才能运用好歇后语和俗语呢？

1.在谈话中学习更多歇后语和俗语

一个富有谈话经验的人会告诉你，在谈话交流中适当运用歇后语和俗语会增加谈话的成功率。与别人谈话交流，本身就是一种学习，学习别人好的谈话技巧，学习和不同的人沟通的方式，甚至学习别人说话的语言词汇。同一句话在不同的人口中出现，听起来却有不同的味道，这就是我们需要学习的技巧与方法。要想把话说好，就需要大量的词汇来丰富我们的语言，就需要我们不断地学习各种语言和词汇。掌握大量的歇后语和俗语，并将它们正确地用于谈话交流之中，方能在谈话时真正显示我们的魅力风格。

2.掌握歇后语和俗语背后的故事

有些歇后语和俗语往往含有深刻的含义，它们在逐渐发展演变的过程当中，所表达的意义也发生了相应的变化。我们需要挖掘出这些歇后语和俗语背后的故事，了解它们所表达的不同含义，才能真正做到心中有数、胸有成竹。

3.用好歇后语和俗语将会事半功倍

在谈话交流的过程中，运用歇后语和俗语的目的就是让双方的谈话更加融洽、更加和谐。在交流中，如果用平白直快的话语与对方谈话，一场谈话结束后，对方很可能觉得与你的谈话就像喝白开水一样，索然无味。如果谈话结束后却没有给对方留下什么印象，那么岂不是白费口舌了吗？所以在交流时也要注意语言的润色，这里的润色便是需要我们用歇后语或者俗语来丰富我们的语言词汇。同时，要注意自己谈话时的形象，这种形象不仅包括肢体形象，还包括语言形象。好的肢体形象会给对方留下好的第一印象，好的语言形象则能给对方留下永远的心理影响，他甚至会在与别人的谈话中提到你的名字。如果有某某说你如何如何好，将是提高你在人际交往圈整体形象的一大助力。

恰当的即兴调侃摆脱“窘境”

马戏表演团里面，表演马术的罗伯特经常在台上给观众来个即兴表演。一次大型的表演即将开始，这次表演对马戏团来说是非常重要的一次宣传。马戏团的导演在罗伯特表演之前郑重地告诉他：“罗伯特，你知道这次演出对我们戏团有多么重要吗？所以我要求你今天不许在台上即兴表演。”

罗伯特心中也知道这次表演对他们整个戏团的重要性，于是以保证的口气答应了导演。

可谁知，难以预料的事情发生了。

罗伯特刚牵着马到舞台的中央，马突然在舞台上当着观众的面撒起了尿。坐在台下的导演远远地把这一切看在眼里，心中很不是滋味儿。

罗伯特不愧为调侃专家。情急之下，罗伯特对着马大声说道：“上台前你难道没有听到导演说不能在台上撒尿吗？”随即，台下的观众传来一片欢笑声和鼓掌声。

最后，整个表演在观众的一片掌声中结束了。

即兴表演就是一种临场发挥，当事者在不知道的前提下，面对一个突如其来的问题进行“救急”的发挥。即兴表演，有时候会给定你表演的节目，而有时候则需要你的临场想象了。就像案例当中的罗伯特，面对突如其来的马撒尿事件，镇定自若，发起即兴调侃以解困。这次调侃并没有给导演带来什么坏处，相反，它给整个表演带来了高潮，让人们在欢快的气氛中记住了罗伯特，也记住了整个马戏团。

人与人交往时，难免会出现尴尬的局面，面对这样的局面，有的人往往是难以应对，而有的人却能应对得潇洒自如。这里面就包含了另一种说话技巧——即兴调侃。在正常的谈话当中，我们怎样调侃才能发挥自己的风趣呢？

1.即兴调侃以乐为主

人在长时间谈话时会出现脑部疲劳，更加明显的表现就是精神不集中，甚至出现语言暂时性紊乱。面对这样的情况，谈话者应稍作休息，但是有时候不能就此中断谈话，所以就要借助于一定的语言来放松我们的大脑。这种放松，简单地说就是即兴调侃，找个乐子放松一下高度紧张集中的大脑。比如，现在的大学生都喜欢在课堂上睡觉，而一个负责任的教授在上课时往往会即兴调侃一下，来活跃严肃沉闷的课堂气氛，让那些昏昏欲睡者打起精神来好好听讲。

但是，有时候我们遇到的调侃往往是被人挖苦，甚至是陷害。这样的调侃我们不提倡。在人与人之间的交往当中，免不了会出现一些令双方都不愉快的事情，这种情况下的调侃要尽可能地以乐为主，才能做到两全其美的境界。

2.顾全大局是关键

对于大家来说，调侃会不经意地发生于正常的交往中，只是自己没有注意罢了。一次谈话可能是两个人的谈话，也可能是多个人的谈话。在不同的场合下谈话，要讲求不同的谈话原则，同样，调侃也不能盲目地进行，更不能无止境地进行。即兴调侃的目的是活跃谈话气氛，或是照顾陷入尴尬的受困者。在不同境遇的谈话中，即兴调侃既要做到给受困者解围，又要做到活跃谈话氛围，更要顾全大局，照顾在座的所有谈话者。所以，不管在任何时候谈话调侃，都要牢记顾全大局是关键。

3.即兴调侃是一门艺术

表演本身就是一门艺术，而即兴调侃更是一门上乘的表演艺术。谈话中，一句恰当的调侃既能显示你超一流的交往能力，又能放射出你与众不同的表演魅力。掌握一门艺术很难，而掌握一门谈话的艺术则更难。

即兴调侃，首先要把握调侃的时机。好朋友、关系很亲密的同志之间随时都可以调侃一下，但如果是较陌生一点的人之间的谈话，就要特别注意调侃的时机了。其次，要充分了解调侃的对象。有些人喜欢开玩笑，而有些人比较憨直、不喜欢开玩笑，往往把别人的调侃当作实话去对待，这样就会造成不必要的心理冲突。最后，即兴调侃时还要分清调侃的场合。一般的谈话场合只要掌握基本的谈话技巧即可，而对于那些较为正式的谈话场合，有时候不妨也大胆调侃一下，这样会给大家抖掉一些思想包袱，让谈话者轻松上阵。

意料之外的“歪理”笑话

一次同学聚会，大家坐在一起闲聊。聊到中途，小宋突然说要其它几个人的电话号码。大家都感到莫名其妙，睁大眼睛看着小宋，问：“你不是都有大家的手机号码，干吗又要我们的号码啊？”

这时的小宋一脸苦恼，说：“刚买了个新手机，就被小偷偷走了，上面的电话号码一个都没有留下来。”

当时大家都觉得有点儿尴尬。

大家唏嘘一阵后，都亲切地说：“丢了个手机嘛，还以为你把什么给丢了呢！”于是，大家纷纷报出自己的手机号码。细心的小张看到气氛还是没有刚才那么好，眼睛一转，呵呵地笑道：“丢了手机就丢了号码，那丢了号码不是把上面的所有人都给丢尽了吗？”

“把人丢了啊”“丢人啊”……

大家边调侃小宋边哈哈大笑，小宋也随着大家一起调侃自己，脸上已经多云转晴了。

最后，大家在一阵欢乐的气氛中散去。

人与人的交往，常常需要一种特殊的语言来消除摩擦，来拉近人与人之间的距离，就像是几个零件之间需要一点油来起润滑作用一样。上面的小故事当中，小张的一席话语就在整个事件中起到了润滑的作用。小张用一句调侃的话，给了一个让大家可以一起欢笑的理由，制造了一种欢乐氛围，融洽了大家的关系。要是没有小张的一句调侃，不知道当时的气氛要尴尬到何时。在关键的时刻，用一句话来给别人解围，给一个让受困者下来的台阶，又可以使大家感到理解，在理解中开怀大笑。这样的话语往往会收到让人意想不到的效果。那么，如何把握这种让人既容易理解，又能在理解中开怀大笑的歪理呢?

1.充分容身于事件当中

对于一个当事人来说，要充分容身于事件当中。要了解事件的起因、过程和可能导致的结果。你不掌握这个事件的起因和过程，在整个事件中你就没有权利发言，更没有权利对这个事件进行评判。你在说话之前最好要三思，这句话对你的说话对象有什么影响，对其他的人有什么坏处，对你自己是否有影响。

只有充分容身于整个事件当中，你才有站到说话者的角度来考虑这件事的权利，才有站到观众的位置上来考虑整个事件的发展的机会。所以，我们在任何时候说话都要考虑站在别人的位置上的想法。

2.陌生人之间交流保持谨慎

一句调侃的话在朋友之间、在熟悉的人们之间可能会显示出你的幽默感来，但是如果面对几个陌生人，你的一句任意调侃可能会降低你在他们心目当中的地位。面对陌生人，大家一般的表现都是比较谨慎的。彼此都不了解对方的情况，若是有些话涉及对方的隐私或是痛心之处，往往会使对方陷入尴尬的境地。

3.把握说话的最佳时机

一个会说话的人、懂得幽默的人，在说话的时候往往把握时机比较准。在一场交流当中，你如果不掌握谈话时机，趁人不注意时突然冒出一句与谈话主题不相干的话，会让别人都以为你是个“傻帽儿”。在充分了解了谈话者的目的之后，经过三思凝练出一句令人深思又觉得比较幽默的话，这时你的一句话就能起到润滑谈话过程的作用。恰如其分地把你要表达的话发挥在关键时刻，便能收到事半功倍的效果，何乐而不为呢?

颠倒逻辑，增添无穷乐趣

有一个鲜为人知的小故事是这样讲的：

古时候有位老太太，有两个女儿，一个女儿开了家卖鞋店，另一个女儿开了家卖伞店。这个老太太为了两个女儿的商店整天哭哭啼啼的。每当天气晴朗时，她就想起了卖伞女儿的伞卖不出去，因此伤心地哭泣；当天下雨的时候，她又想起了卖鞋女儿的鞋不好卖，所以又是伤心地哭泣。

一天，一位智者路过，看见老太太在门前哭泣，就问老太太为什么哭。老太太将事情一一给智者说明。

智者听了后，微微笑道，说："下雨的时候，你要想你的卖伞女儿的生意多好；天气晴朗的时候，你要想你的卖鞋女儿鞋卖得好，这样你不就不会伤心了吗？"

听了智者的一番话，老太太哈哈大笑起来。从此，下雨也好，天晴也罢，老太太总是乐呵呵的，整天快乐地生活着。

一句话用不同的方法表达出来，就有不同的效果。故事当中的智者，在听了老太太的讲述后，认真分析了整个事件的前后逻辑关系。然后，他在讲话的时候略施小计，将原来的逻辑关系的语言重新排列，讲给了老太太，最终使老太太转忧为喜了。从这个小故事当中，我们可以看到说话时语言的逻辑关系对整个谈话事件的重要性。在与人的谈话交流当中，我们怎么样才能保证不使得自己的思维逻辑发生混乱呢？

1.发散思维使问题考虑得更加周全

在传统的直线思维面前，在面对困难时，我们往往会束手无策。在遇到这样的情况时，我们最常见的一种解决问题的方法就是利用逆向思维。逆向思维与我们传统思维方式不同的是，它是从问题的另一端开始思考或是从问题的另一个侧面思考。这样一来，那些比较难的问题在我们面前就显得不是问题了。而我们仅仅用这两种思维方式去解决问题还远远不够，我们还需要用另外一种思维去解决问题——发散思维。

发散思维使人在解决问题时能从问题的各个方面去看待问题，从而提出多种解决问题的方法，以获得更加完美的效果。在与人交往时，我们要特别重视用发散思维的方式去思考问题。比如，公司要与另一个客户公司谈判，在谈判开始前，双方都要制订自己的谈判方案，在制订谈判方案的时候，就得用发散思维的方式去考虑问题。只有充分考虑了各个方面的问题，在谈判过程中才能显得成竹在胸、胜券在握。

2.理顺逻辑是关键

有什么样的思维，就有什么样的语言。人的思维不乱，语言也不会乱。比如，演讲家在一场精彩的演讲过程中，他的思维一直保持着活跃和镇定，如果思维出现了混乱，那他的演讲还有那么精彩吗？我们在正常交往中，也会有这样的感觉，就是当我们的思维比较清晰的时候，我们所说出来的话都是有条理的、较为清晰的。我们一旦紧张，思维就会像一团乱麻，理也不理清楚，说也说不清楚。

在自己的思维混乱时，自己先要镇定下来，这样才能做到心中有数、有条不紊。面对再困难的问题，我们只有静下心来好好理顺逻辑，分析问题，才能充分地解决问题。

3.常想常用是方法

逻辑，说明白了也就是问题的前后顺序。只是这种逻辑在一般人来讲都不好掌握，只有经常从各个方面去思考问题，并用多种方法去解决问题，才能逐步地掌握逻辑。正常的交往当中，只要注意说话时的前言和后语就可以了。通常所说的“前言不搭后语”就是逻辑思维出现混乱所导致的结果，出现这样的结果往往会让人贻笑大方。

在与别人的谈话中，不仅要理顺自己说话时的思维逻辑，还要掌握别人说话的逻辑关系，从对方的逻辑语言中提取有价值的信息，这样才能更加显示谈话者高明的谈话技巧。“前言不搭后语”往往会闹笑话，但是有时候我们反而需要这种颠倒逻辑的方法去解决问题。一次恰当的颠倒逻辑，反而会给谈话增添无穷的风趣。所以，在适当的谈话中、适当的时机下，我们不妨也用颠倒逻辑的方法来风趣一番！

第三章

随机应变，让沟通更顺畅

讲故事，深入浅出讲道理

没有人不喜欢听故事，但你可曾想到，讲故事也是人与人之间交流与沟通的最有效的方式之一。

很多大人物都善于用讲故事的形式来委婉地表达自己的真实意图或者不便讲出口的想法。故事的内容一般与交谈的双方并无关系，并且大多诙谐有趣，有利于营造轻松和谐的交谈气氛。用这样的方式表达自己的意图或者说明道理，更加容易令对方接受。

讲故事其实就是绕弯子，或许有人会说，何必那么麻烦，直截了当讲出自己的意图不是更痛快吗？但是交谈的最终目的是让对方认同你的观点、接纳你的意见，利用讲故事的形式深入浅出地讲明道理，更加容易使人接受。同时，运用这种暗示的方法可以使交谈更加含蓄、更加隐晦，还能避免给对方造成尴尬或伤害，令对方在愉快的氛围中领悟你的意图。

艾森豪威尔担任美国总统时，经常被记者包围。他们总是缠着他问各种各样的问题，希望能从他嘴里探听一些重要消息，这有时会令艾森豪威尔不胜其烦。

有一次，艾森豪威尔应邀出席新闻界的一个宴会，记者们一见到他，便围了上来，一直追着他问最近是否有什么重要新闻。艾森豪威尔被问得实在有些厌烦了，但是他并没有发火，而是站起来对大家说："我先给大家讲一个故事好吗？"

大家不知道艾森豪威尔葫芦里卖的什么药，但有谁会拒绝听一个故事呢？于是艾森豪威尔开始讲述他的故事："小时候，我到一个农场去做客，看见一头奶牛，便问农夫这奶牛是否是纯种的，他说不知道。我又问：'它每周的产奶量是多少？'他还是说不知道。我接着又问了几个关于奶牛的问题，他都回答不上来。最后他很不耐烦地大声对我说：'我只知道这是头老实的奶牛，只要有奶，它就会给你！'"

大家哄堂大笑，艾森豪威尔话锋一转，紧接着说："大家都知道，我也像那头牛一样老实，不善言辞，这一点是众所周知的。但还有一点我要强调的是：只要有新闻，我就一定会毫无保留地告诉大家。"

众人笑得更厉害了，而那些死缠烂打追着他讨要新闻的记者也不好意思地低下了头。从此后，艾森豪威尔就很少再遇到有记者追着他要新闻的麻烦了。

从孩提时起，大多数人就喜欢听故事，这一点很多人长大了也依然如此。因为与空洞、刻板的说教相比，寓教于乐的故事更加形象生动，更能吸引人们的兴趣与注意。所以，大凡口才好的人都是讲故事的高手，他们知道怎样用故事牢牢抓住听众的心灵与耳朵。正如前面谈到的艾森豪威尔，他借用了一个生动有趣的故事，委婉地表达了自己的不满，却又顾及了记者们的自尊和面子，既没有让他们下不了台，又让对方了解了自己的真实意图，真可谓一举两得。

由故事引出谈话的内容，也是最能迅速激发听众兴趣的讲话方式之一，若你也想成为一个交流与沟通的高手，那么就先学会讲故事吧，正如美国著名作家亚历克斯·黑利所说的："最好的开端就是——'我来给你们讲个故事吧'。"当然，必须记住一点：你所做的一切都是为了你所要表达的真实意图而服务，所以讲述的故事也一定要紧扣谈话主题；若离题太远，就会冲淡主题，也就失去了讲故事的意义。

借他人之口表达心声

无论在生活中还是工作中，人们经常会遇到一些不适宜直截了当表达自己观点或吐露心声的场合。怎么办？最好的办法莫过于假借别人的口，将自己的心声巧妙地表达出来。

其实说到底，假借他人之口表达心中之言就是一种寻找借口的方法，只不过，如果这个借口找得巧妙，不但可以避免双方的尴尬，还给对方留足了面子，自己也不会得罪人，可谓是一举多得。

假借他人之口赞美对方，可以消除对方认为你别有所图、故意为之的猜忌，还可以增强他对你的信任度。因为人们一般认为第三方所说的话更加公正实在，所以第三方的话也就更容易得到对方的好感与信任。这种赞美是对他人最好的鼓励与恭维，也是最有效的激励手段之一。比如，当领导当面夸奖下属时，下属说不定会认为这是场面话而已，不会有太多感触；然而，当下属从第三者的口中听到了领导对自己的赞赏后，就会非常感动，然后更加努力，以报答上司的知遇之恩。

假借他人之口拒绝对方则有两大好处：一是容易获得他人的理解和接受，甚至博得他人的同情，从而使对方不再刁难你，你也就可以全身而退了；二是这种委婉的说法可以保全对方的颜面，不至于因为当面生硬地拒绝而使对方不快。所以，当你无法满足别人的请求时，与其绞尽脑汁寻找托词，不如索性将责任推到第三方身上，这是拒绝的绝妙之策。

假借他人之口向对方提要求，不但可以避免被拒绝的尴尬，还可以暗暗地给对方施加一定的压力，令对方顾及第三者的面子与情分，无法轻易将拒绝说出口。同时，这样也在无形中增加了求人办事成功的可能性。

小黄到工商局推销百叶窗，在闲聊时无意间听工商局的梁局长提到百货公司最近新建了一座大楼，还没有装修，于是想方设法找到了王经理的地址，登门拜访。

但是，两人素不相识，小黄如何才能说动对方将大楼交给自己装修呢?

只见小黄作了简短的自我介绍之后，便开门见山地说：“多亏梁局长的指点，我才能找到贵府……”

王经理一听，连忙问：“你和梁局长是朋友？”

小黄微微一笑，没有承认也没有否认，而是说："梁局长将他们局新建的大楼交给我们装修，这是梁局长对我最大的信任。完工之后，梁局长对我们的工作非常满意，这不，听说你们的新大楼还没有装修，梁局长就介绍我来了。"

看到王经理的脸上露出一丝犹豫，小黄紧接着说："我曾多次听梁局长在各种场合提起您，说您为人仗义，乐于助人，是他多年的老朋友。他说，您对朋友最讲义气，让我放心找您。他还说，您若能帮得上忙，就一定不会推辞的……"

王经理的脸上绽开了笑容，很快，两人没费多少口舌，生意就谈成了。

小黄在与王经理交谈的过程中，始终没有主动提及自己，而是两次假借梁局长的口，既表明了梁局长对自己的赞赏，也表达了自己想装修百货公司新大楼的意愿，委婉而又巧妙。这正是他的高明之处。这样说出的话，不但更加具有可信度，同时也令对方不好拒绝，因此他做成了生意。

假借他人之口传达心声固然有很多好处，但运用这一策略时也必须注意一个原则，那就是：不要添油加醋、无中生有，否则只会引起别人的反感，结果适得其反。尤其是对他人不利的话，若是让对方听出这实际上是你自己的意思，就会更加厌恶，导致双方关系恶化，甚至反目成仇。所以，假借他人之口表达自身意图时，一定要注意说话的技巧和态度，不能令对方产生误解，以免引起对方不快。

认同对方，顺势说出自己的想法

我们在与人交往时，总是希望能说服别人，让别人听从自己的建议，接纳自己的观点。但事实上，这一点并非很容易做到。因为每个人的心中都有一个独立的自我，而这种独立意识会令人们坚持自己的观点，坚信自己的正确性。这时，争执便不可避免地产生，而这个时候想要说服对方则更加具有难度。其实，这是因为你没有充分掌握说服人的技巧与艺术所造成的。要想说服他人，必须掌握一定的技巧和艺术，只有这样，才能事半功倍，在短时间内让别人接受你的观点，并心悦诚服。

那么，怎样才能说服别人，让对方接受你的观点呢？直接驳斥是最愚蠢的做法。因为每个人都渴望被肯定、被赞赏，而不是被否定、被批评。你当面驳斥对方的观点，首先会让对方从心理上排斥甚至反感，如此，又怎能让对方心平气和地接受你的观点呢？

要想他人接受自己的观点，首先要在心理上拉近双方的距离，营造和谐友好的谈话气氛。要做到这一点，就必须先认同他人的观点，然后再顺势说出自己的想法。只有这样，才能令对方产生愿意听从的感情，才能成功地改变对方的态度。

王鹏就职于一家外资企业，待遇很好，但他有一个严格要求的上司，因而工作并不顺心。王鹏的能力和才华其实都不错，但就是不太注意细节问题，所以常常成为上司批评的对象，日子一久，王鹏心中便渐渐积累了怨气。

这一天，由于堵车，王鹏到机场接客户的时间晚了几分钟，上司大为光火，当着客户的面就数落起王鹏的不是。王鹏越听越火，最后一甩袖子，头也不回地离开了机场。

王鹏一到公司，便直接来到总经理办公室，递交辞呈。总经理先了解了事情的原委，然后微笑着说："小王，你的感受我能理解，换作我，我也会因为在客人面前丢了面子而恼怒。要是我在你的这个年纪，说不定还会做出更加出格的事来。你没有当面跟上司顶撞，在客户面前体现了我们公司员工的素质，维护了公司的形象，我要感谢你。"

王鹏一听愣住了，总经理的几句话说到了自己的心坎里。他不由有些懊悔自己的冲动。总经理接着说："但我认为工作就是工作，即便你的上司对你再严厉，那也是出于工作的需要，并没有掺杂个人恩怨在里面，你认为我说得对吗？对了，你知道现在我最感谢的人是谁吗？就是我当年的上司。他和你的上司一样，对待下属十分严格。但若不是他的严格要求和悉心栽培，我说不定永远只是一个办公室文员，永远也不会有今天的成就和位置……"

话音未落，王鹏便站了起来，心悦诚服地说："您的意思我明白了，谢谢您。我希望能收回我的辞职报告，今后我一定会更加努力地工作。"

总经理对王鹏并没有指责和批评，而是出人意料地先赞同了王鹏的观点，甚至说出了感同身受的话，这令王鹏大有找到知音的感觉。自然，接下来王鹏对总经理所说的一切都不会再抱有排斥或敌对的心理，因而心平气和地接受了他的劝告和建议，收回了辞呈。而这才是总经理真正的目的所在。假如总经理当时不采取这样的方法，而是采取直接说服教育的手段，那么肯定不会取得这样好的效果。

每个人都有被尊重和被肯定的需要，当你认同对方的观点时，其实就是对他最大的尊重与肯定。当他觉得自己受到尊重与重视了，自然也会乐意接受你的看法与思想。这时你再趁机说出自己的看法，就会省去很多口舌，同时还能取得更好的说服效果。

因地制宜，让环境找话题

说话需要因地制宜，所谓因地制宜就是能够将眼前的热点问题或就近发生的事情作为话题信手拈来，不刻意、不矫饰，从而达到征服听众的目的。很多人表示，在说话时找不到合适的话题，不知道从哪方面说起，其实造成如此现象的关键原因在于缺乏应有的思维能力。一个思维能力较强的人，无论何时何地，无论手中是否有讲话稿，他都能快速找到合适的话题。

有一次，班上学生小花的一支漂亮钢笔不见了。班主任老师虽然教育过同学不要拿别人的东西，但像这种丢失物品的现象还是时有发生。老师没有惊动任何人，作了秘密调查，查清了是谁拿的。但老师并没有公开批评这个同学，因为公开批评会刺伤他幼小的心灵，损伤他的自尊心，他也不一定乐于接受教育。

当天下午，老师在班上开了一个主题班会，主题是：争做诚实的孩子。她首先引导同学们学习了《列宁打碎花瓶》这篇课文，然后让同学们讲述自己知道的有关诚实的故事。接着，她提出了三个问题让同学们讨论。讨论后，老师因势利导，对同学们进行了教育：诚实、知错就改是中华民族的优良传统美德，希望做了错事的同学能主动承认并改正。“人无完人，孰能无过”，做了错事并不可怕，只要知错能改，仍然是一个好同学。

第二天，讲台上放着小花的钢笔，还有一张纸条，上面写着“老师，我错了”。从这以后，班上小偷小摸行为大大减少，同学们做了错事都能主动承认并自觉改正，而且养成了互相督促的好习惯，整个班风明显好转。

看过这个案例，相信你也会敬佩这位老师的思维能力。在发现班里学生做了错事后，老师及时地想到了即将要学习的课文——《列宁打碎花瓶》。她先引导同学们学习，然后延伸话题，提出了“诚实、知错能改”的话题中心，如此一来，那名犯了错误的学生又岂能不懂呢？在老师无声润物的教育指导下，那名学生改正了自己错误的行为。由于话题的合适、就近选择，不仅让那名犯错误的同学认识并改正了错误，还让所有的同学都受益匪浅。

因地制宜说话还有一个最大的好处，就是能唤醒听众的热情。大多数人对于新近发生的事情或者最近的热点问题都相当关注，也可以说十分熟悉。如果你能在说话时巧借热点或眼前发生的事情做话题，那无疑是完全契合听众的心态的。另外，这样创新的话题让听众更容易理解，同时也能体现出自己较强的逻辑思维能力。试想，如果有了听众的支持，你还愁自己当众说话不成功吗？

当然，因地制宜说话还需要注意以下两点：

1.选择切合中心的话题

每一次说话都应该有一个既定的中心，也就是你通过这次说话想要表达什么样的主旨。因此你在选择相关话题时需要切合中心，若你只是将最近发生的事情乱说一气，那听众也不明白你到底想要说什么。

2.选择有代表性的就近话题

你所选择的热点或者眼前发生的事情需要具有代表性，不能将东家丢了一只猫、西家遭了小偷这样的琐碎事情搬到台面上说，你应该选择更具有代表性和说服力的，否则只会贻笑大方。

当然，如果你实在没有特别合适的话题，不妨从最近发生的事情或者热点问题说起，不过诸如此类的话题需要是与话题相关的内容，千万不能抓到什么说什么，也不能一味地求新求异、去选择一些自己都搞不懂的话题，更不能冒充内行、乱说一通。否则，要么难以自圆其说，中途卡壳；要么漏洞百出，贻笑大方。

沟通中识破对方真实意图

在日常工作中，与客户谈判是许多人工作的主要内容。而现代商务谈判均是以互惠互利为目的，以洽谈磋商为手段，这就免不了要与对手进行一番正面的交锋。我们甚至可以说，谈判其实就是一场心理战，谁能掌握主动权，谁就能赢得最后的胜利。

俗话说："知己知彼，百战不殆。"在一番心理较量中，如果我们能有效地识破对手的真实意图，无疑将为整个谈判的成功赢得最佳的机会。必要的时候，我们可以利用对方的"底牌"向其施加适当的压力，这会令对方更容易作出决定，他会在压力之下不得不答应我们的要求。所以，面对对手，我们要有信心去打好一场心理战，在心理较量中，识破对手的真实意图，以此达到自己的谈判目的。

在谈判过程中，我们需要灵活使用心理战术，以此来识破对手的意图，如此才能抢得先机，才能赢得谈判的最后胜利。因此，我们要注意以下两点：

1.以静制动，谋定而后动

在谈判中，以静制动，就是静非不动、敌不动我不动、静观其变。在双方的对峙中，需要以静制动，你若按捺不住、四处乱动，那么你的胜算就会少之又少；如果你能以静制动，那么，在与对手周旋的过程中，你就能逐渐将自己的劣势转变为优势，而且，在这等待的过程中，你能够通过其表现出来的言行识破对手的真实意图，这样对手就处于被动地位了。

2.懂得退让，才能识得对手的底牌

在谈判过程中，若是紧紧相逼，非但不能识破对方的真实意图，反而会使自己陷入难堪的境地。因此，我们需要懂得退让。另外，让步不能一步到位，而是应该一步一步地退让，而且让步也不能太早，过早地让步往往会导致己方后悔。但是，若关键时刻不肯让步，也容易导致谈判破裂。大多数情况下，当对方已经到了让步的最后阶段，我们可以适当作出让步，以使谈判得以顺利进行。

关键的是，在让步之前可以作一些假设性提议，试探对方。比如，“如果我们把价格降低5%，您能确定和我们签约吗？”这样不会让你受到约束，也可以帮助你识破对方的真实意图。

所谓“商场如战场”，面对强有力的对手，我们不仅要具备良好的心理素质，更需要通过对手表现出来的细枝末节去揣摩其真实意图。简单地说，你需要知道对手手中拿着的最后一张王牌，否则你就只能败下阵来。

第四章

学会提问，让对方说得更多

善于提问，适时敲开成功的大门

普列汉诺夫说："有教养的头脑的第一个标志就是善于提问。"那么，如何才能做到善于提问呢？其妙处在于提问的语言表达方式。很多时候，一些人所提的问题太笼统，或者所提的问题没有实质性的意义，造成这样的情况都是因为其没有使用恰当的表达方式，没有抓住问题的关键。在日常沟通中，问与答成为最常见的方式，在大多数人的思维里，作出良好的回答方能实现有效的沟通，然而他们都忽略了，在沟通中善于提问才是最主要的。毕竟，善于提问，可以令自己处于沟通的主导地位，从而更利于使整个沟通趋向于朝着自己所设想的方向靠近。而且，善于提问，往往能适时敲开成功的大门。

由此可见，善于提问会让一个人不断地进步，继而开发自己的大脑，提高自己的智商。当我们不断地询问"为什么"的时候，那些未知的知识就会接踵而来。甚至可以毫不夸张地说，善于提问可以令我们敲开机遇大门，走向成功之路。

如何培养自己善于提问的习惯呢?

1.有问题就要大胆提出来

我们所处的世界，存在着许许多多我们难以理解的事物。也许，我们所思索的许多问题都只停留在知识的表面，甚至有些问题是相当幼稚的，但是，我们千万不要认为这些问题是“没有必要提问的”，甚至惧怕这样的问题会受到别人的嘲笑，而要保持提问的热情，只要有了问题就应该大胆提出来。

2.要有怀疑的精神

也许，别人会告诉你“这就是真理”“这是唯一正确的标准答案”，然而，无论是面对任何真理，还是所谓的正确答案，我们都应该有一种怀疑的精神，正如李四光所说，“不怀疑不见真理”，只有经得起检验的理论才是真正的真理，而怀疑不过是检验中的一个步骤而已。有疑问就要提出问题，尤其是更出一些自己尝试解决而不能解决的问题，真正培养自己科学的态度和探索的精神。

3.积极思考

培养自己提问的能力是一个循序渐进、逐步提高的过程，刚开始的时候，我们应该积极思考，使自己产生一种想要提出问题供大家讨论的欲望。在学习或工作中，常常会遇到一些不懂、难懂的地方，这就是所谓的疑问，也是我们感知过程的障碍。我们要想获得知识，就必须跨过这些障碍，解决这些疑问。因此，发现问题、提出问题是我们必然要经历的过程。善于提问，不仅可以开发自己的大脑，有效地提高智商，还能够在解决问题的过程中获得一系列知识。

做好准备，提问时游刃有余

俗话说："凡事预则立，不预则废。"我们在提问之前还应该做好准备工作，这样在提问时才能应对自如、游刃有余。在日常沟通中，许多能言善辩之人，说起话来有条有理、娓娓道来；有的人则吞吞吐吐，结结巴巴，词不达意。为什么会出现这样的差别呢？很多时候，关键在于说话者是否作了充分的准备。有针对性提问的前期准备包括了解说话对象，搜集相关资料，明确说话的主旨，制造说话机会，设计提问细节等。正所谓"知己知彼，百战不殆"，对于提问而言，也是如此，作足了准备，你才可以更有效地提问。

一位著名的访谈节目主持人曾经说道："这是一个信息资源共享的年代，而访谈类节目在播出的时间与事件发生的时间关系上远远不及新闻平面媒体以及网络传播的及时性。所以我们前期不仅要熟悉当事人的经历、职业、专业特长、文化素养，还需要了解他的性格、爱好、家庭、语言表达状况等。"

我们都知道，访谈类节目主持人在节目录制之前通常是不与被采访的嘉宾见面的，而在节目的进行过程中主持人呈现出来的沟通状态是和被采访的嘉宾就如朋友一样聊天，这样的交流才可以引起受众的共鸣，同时让受访者进入一个非常好的聊天状态。访谈类节目可以体现主持人的风格，面对同一件事、同一个采访对象，不同的主持人会根据不同的角度提问，假如人云亦云，那就会完全失去访谈类节目中主持人的重要作用。当然，有时候我们也会看到那些热点问题被不同媒体的主持人问来问去，而这其中许多问题都是重复的。有的主持人，只不过是换了一个演播厅、背完了问题的主持人而已。

那么如何问出新颖的问题呢?

对此，这位著名的主持人说道："主持人要对自己搜集的资料进行广泛的了解，然后通过不同角度的分析得出自己的见解。即对各种材料不应满足于现象的罗列、堆积，而要消化材料、研究材料，这样可以保持清醒的思维而形成自己的观点，这是资料准备中更关键的一步。主持人通过大量的搜集材料对所要采访的对象做到心中有货，与采访对象就有了共同话题、有了沟通心灵的基础、有了平等对话的位置，这样就可以避免在实际访谈中泛泛而谈，而访谈的内容也更深入更新颖。当然，唯有如此，才能使人物专访重在对人物内心世界的关注，其精神品格、人生感悟、赢得成就的心路历程、人物的独特风貌都将给所有的观众以生动感人的启迪。"

在生活中，许多人有这样难堪的经历，有时候一些问题不是出于本心，但偏偏一不留神就问了出来；然后就开始后悔自己为什么口无遮拦，紧接着给对方道歉。举个例子，某位女士在一次同学会上，明明知道同学的公司因金融风暴陷入了危机，她却这样提问："你的公司最近还顺利吗？"真是哪壶不开提哪壶。尽管话一出口她就后悔了，但这句收不回来的话已经使得同学的情绪很不佳。

所以，我们在提问之前，一定要多想想，应该问些什么，不应该问些什么。事先作好准备，就不会发生案例中这样的事情。其实，只要我们在提问之前作好准备，就会问得更好。

那么，在日常生活中，我们应该如何作好提问准备呢?

1.确定想问什么

首先我们需要明确自己的提问目标，包括最大的目标、期望目标以及可以接受的目标。比如，这次沟通你准备向对方提出什么问题，打算从哪个角度切入这个问题，先问什么、后问什么，这两个问题怎么连接起来。

2.层次提问

提问是有先后顺序的，要逐层深入，由表及里，这样我们提问时才能胸有成竹，并成功将对方的思路导入我们所希望的方向。假如你东问一句西问一句，那不仅自己毫无头绪，也会使得对方摸不着头脑，这就会影响整个沟通过程。

3.搜集对方的详细资料

资料搜集是双方的，既要搜集对方的资料，也要搜集自己的资料。比如，销售员在推销产品的时候，需要更为详细地了解自己的产品信息、介绍资料、评估资料以及各种文件等，掌握了产品的相关信息，再搜集客户的性格、爱好等基本信息，这样就可以有的放矢地提问了。

4.选择合适的时间和地点

在日常沟通中，假如我们需要向对方提问，尽可能避开对方心情不佳或繁忙的时候，当然，自己也要保持良好的精神状态。此外，还需要选择合适的地点，因为每个人在自己熟悉的环境里会感到更舒适、更坦然、情绪更好，所以地点要选择双方或者自己比较熟悉的地方。

连续发问，占据优势地位

日常沟通中的双方不会都站在同一个层面，有时候我们面对的对方有可能阅历比我们丰富、学历比我们高，我们在这样的场合中往往会没有自信，总是觉得己不如人。心里有这样的想法，就会不时地通过谈话透露出来，以至使自己处于谈话中的下风。这样就会限制我们的观念和意见的表达，就会让我们在谈话内容中涉及的观念和意见不攻自破。怎么让自己在对话中处于上风？这就需要说话中的一个技巧——问题攻势。如果你想在和对方的谈话中占上风，就应该提前准备一些对方不容易回答的问题，连续向他发问。当你看到对方回答不了这些问题、面露难色的时候，你肯定能逐渐平静下来，恢复自信，而此时，你已经占了上风。

一位年轻人突然接到命令，是到某银行的一个实力雄厚的分行任行长。这位年轻人受命来到分行，大家见分行行长非常年轻、一点都不威严，银行中经验丰富的老职员们都发牢骚说："难道就让这小子来指挥我们？"

但是，令大家都没有想到的是，分行行长一到任，就立即把老职员一个个找来，连珠炮似的问起了问题。

“你一周去B食品公司访问几次？每个月平均能去几次？”

“制药公司的职员是我们的老客户，他们在我们银行开户的百分比是多少？”

……

就这样，在大家诧异的眼光中，这位年轻的分行行长问倒了所有的老职员。

年轻的分行行长知道自己的资历肯定不能让老职员们信服，而他的经验也不如老职员们丰富，于是他聪明地避开正面的交锋，而是一到任就立即把老职员一个个找来，问起了问题。年轻分行行长在这里使用的就是“问题攻势”这个方法。这样的方法使得他问倒了所有的老职员，他已经在气势上占了上风，以后银行的老职员定会信服他。

有一天晚上，王小姐在夜校上完课回家，有位年轻男子从她后面跟上来，想和她谈谈心。王小姐一看这位年轻男子，身着红色衬衣，肩上挂着西装背带，胸前还挂个耶稣像的十字架，心里对这个男子的思想状态已经相当明白了。男子非常诚恳地拜王小姐为师，表示要学好文学和外语，王小姐见他真诚，就和他谈起心来。他们的沟通是从一连串的问题开始的。

王小姐：“你为什么要戴这个十字架呢？”

年轻男子：“你是搞中国古典文学的，还懂这玩意儿？”

王小姐：“你真是小看我了，我要连这个问题都答不上来，今天我算不算在你面前丢面子了？”

年轻男子：（微笑不语）

王小姐：“你不是在学外语吗？我问你，‘圣经’这个词，英语怎么说？”

年轻男子：……

王小姐：“Bible。”

王小姐：“你每天戴着十字架，会念祈祷词吗？”

年轻男子：“不就是阿门吗？”

王小姐：“不对。你读过《圣经》吗？圣经都讲了些什么呢？”

年轻男子：“不知道，没读过。”

王小姐：“《旧约全书》和《新约全书》的主要内容是……你知道美的实质吗？”

王小姐：“比如，有个女孩长得非常漂亮，笑起来还有两个可爱的小酒窝。表面看，挺漂亮的，但是有人告诉你，她竟然是一个小偷，你还认为她美吗？”

年轻男子：“内外不一致，不美。”

王小姐：“有一个修女，外表穿得很肃穆，内心对耶稣很虔诚，胸前挂着一个十字架，你觉得她美吗？”

年轻男子：“内外相和谐，对基督徒来说，还是美的。”

王小姐：“那么请问，你既不懂基督教，又不信耶稣，胸前戴着十字架，你是美在哪儿呢？”

年轻男子：“呃……”

王小姐：“你为什么戴它呢？”

年轻男子：“我看外国人戴，外国人能戴，我干吗不能戴？”

王小姐：“你的领导没有批评过你吗？你从来不思考自己的行为吗？”

……

在谈话中巧妙地使自己原本处于下风的姿态转换为瞬间占在上风，这样更容易让人信服。“问题攻势”就是连续地向别人提问，如果这个时候你故意问对方你知道的事情，也许会被认为是不怀好意；但是，问题攻势的目的就是使对方丧失气势，所以你在这个时候绝对不能心软，要尽量使用这个办法，压倒对方的气势，使自己处于上风的位置。

那么具体来说，我们应该怎么做呢？

1.使用蜂音技巧

有研究者发现这种连珠炮似的发问就像“蜜蜂振动翅膀发出的令人烦躁的声音”，并把它叫作“蜂音技巧”，就是一种用让人心烦的聒噪声来驳倒对方的战术。人们对于涉及详细数字的问题往往不可能立刻回答出来，所以这个战术对于在谈话中取得上风十分有效。假如对方能够一下子就回答出来，那你就可以继续追问：“除了这个之外，你还能举出什么例子吗？”直到对方哑口无言。到最后，对方一定会回答不出来的。

2.模糊问题本身

既然通过蜂音技巧展开问题攻势的目的是驳倒对方，那么一定要记住，所提出的问题要抽象、模糊，尽量找对方不好回答的问题。对方越回答不出来问题，你占据上风的优势就越明显，你就有越有可能取得对话中的胜利，也就越容易说服对方。

让对方谈起他最骄傲的事情

正所谓“酒逢知己千杯少，话不投机半句多”。在生活中，每个人都有自己喜欢听的话和不喜欢听的话，与人交往的过程中，假如我们谈论别人喜欢的话题，往往会让对方感觉我们很贴心，从而达到我们自己的目的。事实上，每个人或多或少都会有自以为很得意的事情，至于这件事是否真的有价值，那就另当别论了。不过，至少在当事人看来，这就是一件非常有意义的事情。在沟通过程中，假如我们通过提问让对方谈论自己得意的事情，这就等于给对方一个很好的表现自己的机会，往往能够使得沟通活动得以成功进行。

有一年，欧洲举办了一场盛世空前的少年学术科技大会。眼看着日子一天天逼近了，但是派一位少年前去参加的旅费仍没有筹集到。罗曼森负责此次科技大会工作，为了这事他不得不每天东奔西走，但情况毫无进展，最后，他只好厚着脸皮去拜见一家大公司的董事长，希望对方能够出资援助。

在去见这位董事长之前，罗曼森在报纸上曾看到一则有关这位董事长的事情。据说这位董事长中了一张一百万美元的彩券，同时将兑现的彩券支票放在玻璃柜子里，并挂在墙上。当罗曼森去拜访这位董事长的时候，首先并没有马上进入正题，而是提出："董事长，听说你有一张受人瞩目的彩券支票，可以让我见识一下吗？"董事长听完十分高兴，便带他去看。罗曼森一边看，一边问："你当时是怎么获得彩券的？"他打听着这张彩券的中奖故事，却一直没有说自己请求的事情。

没想到，这位董事长反而主动问他："今天你来这儿有什么事情吗？"罗曼森一听，机会来了，他委婉地说出了自己的希望。幸运的是，这位董事长一口答应了他的请求。本来罗曼森只决定派一位少年代表去欧洲，结果，在这位董事长的帮助下，有5位少年和罗曼森同行去欧洲，这位董事长还开出一张一千美元的支票，让他们在欧洲逗留一个星期。

从这件事以后，董事长一直非常支持少年学术界的各项活动。而罗曼森通过这位董事长结识了不少富人，经过一番商量，这些富人准备筹资建立当地最大的一所少年科技中心。

威廉·詹姆斯曾说："人类本质里最殷切的需求是渴望被肯定。"而赞美就是一种更加直接和深刻的肯定。因为赞美满足了人类的本质需求，所以受到人们的欢迎。假如你希望人际关系更加和谐，那就通过提问让对方谈起他最骄傲的事情。

具体来说，我们应该这样做：

1.提问之前要做足功课

如同罗曼森一样，在向对方提问之前，我们需要搜集好资料，如对方值得骄傲的事情、对方得意的事情等。这样我们在实际沟通中才能从细微处着手，说到对方最值得骄傲的事情上去。若无的放矢，只会起到相反的作用。

2.提问时态度要真诚

在实际沟通中，我们向对方提问时要保持真诚的态度，举止大方，假如可以做到这些，那双方的交际就有了一个很好的开头，这无疑将为后面交际的良性发展打下一个很好的基础。假如我们通过提问让对方说出他们值得骄傲的事情，或由我们去说出对方的得意之情，那么对方肯定会对我们大有好感。

3.提问后要适时赞美

我们必须明白，满足对方心中的骄傲，适时地赞美，这也是人际交往中必胜的法则之一。只有对方感到快乐舒畅了，我们才算成功地迈开了交际的第一步。时间长了，我们自然可以顺利地融入对方的圈子里去了。

用对方的兴趣和爱好来提问

著名口才大师卡耐基说：“即使你喜欢吃香蕉、三明治，你也不能用这些东西去钓鱼，因为鱼并不喜欢它们。你想钓到鱼，必须下鱼饵才行。”简单地说，当我们在与对方进行语言交流的时候，需要“忘记”自己的兴趣与爱好，用对方的兴趣爱好来提问，这样才能使彼此之间的沟通更加顺畅。在沟通过程中，通过提问谈论对方的兴趣与爱好，能让对方感觉到受重视、受尊重，继而赢得对方的好感与信任。许多人习惯于谈论自己的兴趣爱好，从来不考虑对方，这样的人永远不会得到对方的认同。赢得对方好感与信任的诀窍在于，用对方的兴趣与爱好来提问，谈论他最喜欢的事情，这样才能让对方多说。

具体而言，我们可以采用如下一些方法。

1.从对方的兴趣谈起

每个人都有自己的兴趣爱好，而这一兴趣爱好往往是自己引以为傲或者是最擅长的一方面。通常来说，如果你能把问题巧妙地引到对方的兴趣爱好上面来，那一定能够消除彼此间的陌生感，激起对方谈话的兴趣。所以，你不妨先问明陌生人的兴趣爱好，再循趣生发，从而顺利地进入正式话题。

2.巧妙提问

你在与陌生人交谈的时候，可以先巧妙地提问，在对他有了一定的了解之后，再进行有目的的交谈，这样便能够使你们的谈话顺利地开展并进行下去。比如，你在宴会上遇到陌生的同桌，你便可以询问一下对方：“您和我们的总经理是亲戚呢，还是朋友？”不管对方回答的是哪一个，你都可以把你们的话题继续下去。即便对方与总理的关系不是你所说的这两种，你也可以与对方进行另外的交谈。

3.即兴而起

有时候，你事先准备的问题也许并不适合坐在你对面的陌生人，那么你不妨即兴另起一个话题。你可以巧妙地借助你们谈话的时间、地点以及人物作为话题的材料，借此引发交谈。比如，你对在路边支摊的妇人说："这天气转凉了，出来逛的人也越来越多了，你们这生意好了吗？"这样一句话，就可以引得她向你讲述在外面摆摊的那种风餐露宿的艰辛生活。

4.先从对方谈起

当你面对一个陌生人的时候，你不妨通过提问把话题先从对方身上谈起，你可以解析一下对方的名字，你可以赞赏一下对方今天的穿衣打扮，你可以赞美一下对方的靓丽外貌……这些第一次见面就能获得的信息，你可以充分地加以利用，以引起对方谈话的兴趣。

轻松寒暄，让气氛更融洽

在正式沟通开始之前，双方所进行的就是寒暄、入座，有的人认为，这不过是最简单的程序，不过就是打个招呼、彼此入座嘛！其实，这样简单考虑的人往往会在这点上吃亏。提问尚未开始，那就意味着整个沟通的基调都将从这里开始，气氛是缓和还是紧张，就在于那几句寒暄话。高明的提问者往往会以简单的几句话奠定良好的沟通氛围，而那些缺乏好口才的提问者则通常是一两句话就让整个场面变得尴尬。因此，在沟通正式开始之时，作为提问者，你要善于说几句好话，积极营造和谐愉快的氛围。我们所说的寒暄，也就是打招呼，这是人与人之间建立语言交流的方法之一。通过彼此的寒暄，让陌生的人相互认识，让不熟悉的人变得熟悉，让冷淡的气氛变得活跃起来，更为双方进行深入的交谈架设桥梁，以达到顺利沟通的目的。

沟通气氛是双方之间的相互态度，它可以影响对方人员的心理、情绪和感觉，从而引起相应的反应。可以说，沟通气氛对整个提问过程具有十分重要的影响，其发展变化将直接影响整个沟通的前途。比如，相对热烈、积极、合作的气氛会将沟通朝着达成一致协议的方向推进。在沟通开始时，假如我们能说几句妙语、灵巧提问，那就会让双方有一种“有缘相知”的感觉，彼此都愿意有好的合作，都愿意在合作中共同受益。沟通中的哪一方控制住了开局的气氛，那么就等于在某种程度上控制住了对方。

事实上，轻松愉悦的气氛可以缓解沟通中的紧张情绪，增进人们的感情。在良好的氛围下，人们更容易被尊重，也更容易获得支持与关注，而且，人们在良好的氛围中更容易达成一致的协议。

那么，怎样寒暄才能使沟通的氛围更融洽呢？

1.语言尽量委婉含蓄

不管你要达成什么样的沟通目标，在与对方交谈时，要尽量使用含蓄委婉的语言，以和为贵，力图为后面沟通的顺利进行营造良好的氛围和条件。有的人一见面就直言直语，心中的喜怒情绪暴露无遗，若是在这时说了一些破坏气氛的话，那肯定会对整个沟通造成极为不利的影响。

2.态度要诚恳

作为沟通的一方，在正式交流之初，你需要通过语言表达出内心的诚恳，表示自己很愿意达成最后的协议，希望本次沟通能取得好的成果。只要对方感受到了你态度的诚恳，通常都会以同样的态度对待你，这样和谐融洽的氛围就有了。

3.用自己的态度感染对方

在提问过程中，我们要学会重视对方，比如，是否积极地与对方有眼神接触？是否在认真地听对方说话？是否及时地回应对方的问题，给予对方反馈？是否积极地用身体语言告诉对方，你对他的话题很感兴趣？我们要让对方感到他们受到了重视、满足对方的虚荣心，适时赞美对方。这样才能感染对方，让对方的情绪放松，从而成功营造宽松和谐的氛围。

第五章

含蓄表达，让曲径更通幽

委婉表达自己的意见

委婉是用迂回曲折的语言来表达本意的说话方式，说话者会故意说一些与本意相关或相似的话，以表达出本来要直说的意思。委婉的表达方式是沟通过程中的缓冲带，它既可以让本来可能困难的交流变得顺利起来，又可以使对方在比较舒适的氛围中领悟到说话者的本意。

小张和小赵是大学同学，同时去一家大公司应聘，并且同时被该公司的市场部录取、在同一领导手下工作。两个人的工作能力以及在公司的表现都很好，几年以后，两人都成了该公司的骨干员工。

但是，两个人的处事风格完全不同。当领导的决策出现问题的时候，小张总是立刻作出反应，直言不讳地将领导的错误指出来。而当遇到领导安排的事情有明显的错误时，她就按照自己的风格做事，从不按照领导的指示完成工作任务。

小赵和小张的办事态度完全不同，在领导的决策有问题的情况下，小赵不会像小张一样将领导的错误直接指出来，而是私下找机会和领导单独说。如果自己将观点说给领导之后领导还是坚持自己的观点，她便遵照指示、认真地去完成自己的工作。即使这个工作任务真的有问题，她也会帮助领导承担另一份属于自己的责任。

几年之后，领导即将升职，在给自己挑选接班人的时候，他毫不犹豫地选择了小赵。

小张将自己的看法毫无保留地、直接地说给了领导听，但是她没有注意到保留领导的面子，而且有些话其实是不适合说得那样直接的。而小赵采取的处世方式和小张完全不一样，她既让领导知道了她的意思，又保留了领导的面子，自然会受到领导的重用。

一般而言，委婉常常用来规劝他人或者向他人提出意见，这样可以避免直接叙述给对方造成伤害而令其产生抵触情绪，也能让对方在愉快的气氛中接受我们的建议，最终达成一致的共识。有时候，考虑到朋友的面子和自尊心，我们对于朋友的所作所为不宜直接提出意见，这时就可以采取委婉的方式来表达。

1.借助中介

当你想要对朋友提出一些中肯的建议时，可以借助故事或者寓言等，这种就事论理的方式会让朋友在细细品味我们语言的同时领悟到我们的本意。比如，当你想规劝朋友不再酗酒的时候，你可以告诉他隔壁叔叔因为喝酒过多而住进了医院，这样朋友就会明白你的良苦用心了。

2.巧妙利用时机

如果你直接以建议者的身份出现在朋友面前，很容易会造成对立的局势，可能你越说朋友就越不听。这时候，你要巧妙利用时机，尽量在愉快的氛围中提出自己的建议。

3.多角度提出建议

当你的建议被朋友反驳的时候，不要纠结于一个角度去说，你可以多角度地提出自己的建议。当然，其中隐藏的含义需要对方自己去领悟，并在自我启发中认识到问题的严重性。这样的表达方式考虑到了对方的心理和自尊，更容易使朋友接受建议并改正错误。

朋友之间本来是平等友善的关系，如果其中一方忽然受到另一方的批评，会觉得很没面子，所以，无论你与对方是多要好的朋友，都要注意自己说话的方式以及语气，不能说得太过直接，否则会伤害朋友的自尊心，破坏自己与朋友之间的友谊。即使要说逆耳忠言，也应该尽量委婉地将自己的意见表达出来，不致伤害到他人。

含糊其辞，不正面回答问题

我们会经常遇到这样的局面，别人问你一个问题，有时候，说实话也许对人对己会有反面作用，这个时候，就有必要说一些谎言来安慰对方，并且需要事先对谎言作一番必要的修饰。

巧琳是一个标准的胖女生。一天她到商场买衣服，在试衣服的时候，她问道："我是不是太胖了？这件衣服会不会显得我更胖？"

A店员跟她说："如果你怕看起来胖，你可以加一条宽腰带，这样就可以使你看上去苗条些。"B店员看了看巧琳的年纪，大概是三十岁，于是她说：“你属于比较有肉感的女生，这样的女生比较有福气，如果你怕看起来会胖，我们有另一款深色的衣服，具有修饰身材的效果，你可以试穿一下。”

在这里，两个店员都刻意回避了巧琳胖的这一事实，而用“看上去苗条”“有福气”之类的话语巧妙地修饰自己善意的谎言。在现实生活中，当需要善意的谎言的时候，该如何来修饰这些谎言呢？

第一，编织谎话，要声情并茂，不要让你的神色“出卖”你。比如，对癌症患者谎称他的病不是癌，要自编自圆，而且自己不能表现出悲痛的神情来。

第二，不要让对方难堪。比如，一个人请你吃饭，而你又不想去，这时候，你可以用谎言婉言谢绝，而不是硬生生地告诉他你不去。

第三，用调侃的口气将谎言说出来。为了强调言谈内容的情景，故意把未曾发生过的事情用讲笑话的方式说出来，以强化谈话的气氛等。

在你不完全了解事情或是无法作出决定的情况下，你可以含糊其词，或者不去正面回答对方的问题。如此，既可讨好对方，又给出了自己的意见，能使得对方更加相信自己。

“随便”说话，难免会吃大亏

妈妈问我们想吃什么饭菜，我们说随便；爸爸问我们周末想去哪里玩，我们说随便；爱人问我们喜欢什么颜色的衣服，我们说随便；孩子问我们喜欢吃肯德基还是麦当劳，我们说随便……仔细想想，我们一天之中似乎要说很多次随便。这个随便，可以随便说说，但是不能总是说话随便。前文已经说过，语言对我们生活的影响非常之大，假如每次说话都抱着随随便便的态度，那么祸从口出就不再是一句警示，而是一种切实的伤痛。

很多时候，当我们随便地说出话之后，往往会引起严重的后果。我们总是说，我当时只是随便说说，哪里能想到会引发这么严重的后果呢！然而，无论我们怎么为自己辩解，都必须承担由此引起的一切责任。这样不愉快的经历，使得很多人选择缄口不言。他们宁愿囚禁自己的舌头，也不愿意再次经历祸从口出的噩梦。但是，作为社会的一员，每个人都在人群里生活，我们怎么可能一直沉默下去呢？而且，语言是沟通的媒介，如果我们封锁住语言的渠道，我们也就失去了和外界交流和沟通的介质。由此一来，生活必然大受影响。

很久以前，有位僧人住在大山深处的寺庙里。他有个徒弟，特别懒惰，每天都要睡到太阳照屁股才起床。无奈之下，僧人只好每天清晨都喊徒弟起床。一次，两次，三次……虽然僧人从清晨就开始喊徒弟，但是徒弟总是磨磨蹭蹭，要到日晒三竿才起来。有一天，僧人看着撅着屁股呼呼大睡的徒弟，气愤地喊道："你难道一睡不醒了吗？连乌龟都已经从池塘里爬到院子里来啦！"此时，一个正在寺庙里为家人祈福的人听到了僧人的话，他恰巧需要乌龟做药引，因此赶紧跑进院子，抓了乌龟回家去了。他的家人喝了乌龟汤之后，果然身体渐渐痊愈。为了感谢僧人，他还特意跑到寺庙里道谢。得知自己的一句话害死了乌龟，僧人懊悔不已，决定不再说话。

几天之后，僧人坐在寺庙的门前晒太阳。这时，一位盲人慢慢地走过来，眼看着就要走到池塘边了。僧人很想警告盲人不要继续朝前走，否则就会掉进池塘，但是一想起自己曾经因为一句话害死了乌龟，又决定继续保持沉默。正当他内心挣扎不止时，盲人已经失足掉进河里，淹死了。僧人感到万分懊悔，这才明白，人活着，有些话不能说，有些话非说不可。

李娜是一家公司的前台文秘。有段时间，公司里每个人都带早餐去单位，李娜也和大家一样天天带早餐。一个周五的早晨，李娜带了自己做的便当，同事们看了之后纷纷羡慕，夸赞李娜手艺好。还有个同事提议："既然李娜的手艺这么好，大家没有理由不去尝尝啊！这样吧，明天就是周末了，我提议，周末没有安排活动的同事，大家一起去李娜家蹭饭吃，好不好？"李娜在大家的起哄声中，说："当然没问题啊！"第二天是周六，李娜一直睡到日上三竿才起床。正准备刷牙，就听到敲门声。她还以为是快递呢，因此睡眼蒙眬地打开了门。不承想，一大群同事都站在她家门口，衣衫不整的李娜尖叫一声，捂着脸逃回卧室。

直到十几分钟之后，她才换好衣服，平复心情，走到客厅。这时，大家你看看我，我看看你。前一天提议去李娜家吃饭的同事，说："李娜，你不是同意大家今天来尝尝你的手艺吗？"李娜惊愕地说："啊，原来你们当真啊，我只是随口一说。”大家更是大眼瞪小眼，不知道该说什么。这时，李娜笑着说：“不过没关系，我家冰箱是满的呢！我现在就洗手做羹汤，保证让大家吃得心满意足。”

从僧人的故事中，我们不难发现，有些话不能随便说，有的时候不能随便沉默。总而言之，事情总是处于千变万化之中，我们必须根据当前的情况，理性地作出选择，才能有所言、有所不言。从李娜的事例中，我们更可以看到随便说话的后果。很多时候，我们随口一说，但是说者无意、听者有心。面对一大群同事，衣衫不整、睡眼惺忪的李娜，简直受到了大大的惊吓。要想搞好人际关系原本就很难，每个人都必须多多运用智慧，保持良好的心态。幸好李娜反应还算及时，没有让已经坐在她家客厅里的同事们太尴尬。

生活中，因为口出狂言或者恶语而激怒他人的事情时有发生。悲剧一旦发生，即使万分懊悔，也无法再改变什么。不管什么时候，我们都不能为了口舌之快而说出伤害他人的话，也不能因为报复他人就口不择言。只有本着真诚友善的态度与人交往，说些有益的话，我们的人际关系才会越来越好。作为理性的人，作为对他人和自己负责的人，我们一定要在说话之前三思而行。不管什么时候，都不要说极端的话，也不要说无中生有、空穴来风的话。尤其是现代社会信息传递速度如此之快，如果总是“随便”说话，那么难免会因此而吃大亏。

心平气和地指出对方的错误

生活中不乏得理不饶人的人。在给他人指出错误时，他们异常严肃，恨不得用严厉的批评让对方脱胎换骨，又恨不得让对方痛哭流涕，发誓一定改过自新、重新做人。其实，生活中根本就没有那些严重到如此程度的错误。大多数情况下，对错并不是绝对的，只是因为看待问题的人观点不同、利益的出发点不同而已。每个人都会犯错，错误并非罪无可赦。当发现别人犯错时，我们首先不应该义正词严地指责对方，而是要想一想自己也会犯错，从而心平气和地为对方指出错误，引导对方进行积极的思考。

为了避免尴尬，在给对方指出错误时，聪明人往往还会给对方留好台阶。这样，犯错的一方就不会觉得无地自容，从而顺着台阶下来，顺理成章地道歉。古人云，杀人不过头点地。和生死相比，错误都是可以原谅的。因此，对待他人的错误咬牙切齿的人，往往是心胸狭隘、和自己较劲的人。实际上，当你对别人的错误耿耿于怀时，你也是在用别人的错误惩罚自己。既然如此，何不给对方台阶，也给自己快乐的机会呢？

作为世界著名的成功学大师，卡耐基先生经常四处演讲。每次演讲之前，他的助理茉莉都会帮他准备好演讲稿。这一天，卡耐基要去参加一个非常重要的学术演讲。和每次一样，茉莉熟练地把演讲稿放进卡耐基的包里。到达现场之后，卡耐基面带微笑，取出演讲稿开始演讲。

他刚刚读了几句，台下的观众们就忍俊不禁地大笑起来，还不停地交头接耳、窃窃私语。卡耐基马上就意识到，自己所读的演讲稿和今天的内容完全不相符。他知道，是茉莉放错了演讲稿，才会让他闹出这样的大笑话。在那一瞬间，卡耐基特别生气，真恨不得马上狠狠地批评茉莉一顿。然而，现场的局面必须尽快控制住，为此，他佯装镇定地开玩笑说："朋友们，我想，我这个开场的小玩笑一定让你们欢乐开怀了！那么，接下来让我们专心致志地步入正题吧，我们今天要讨论的话题是……"虽然没有演讲稿，但是在讲台上身经百战的卡耐基先生依然进行了一次精彩的演讲。

演讲结束了，卡耐基回到办公室。茉莉像往常一样迎上前去，接过卡耐基的包。她笑着说："卡耐基先生，今天的演讲一定非常精彩吧！"卡耐基点点头，笑着说："是的，台下简直掌声如潮。"茉莉高兴地说："您的演讲当然能博得掌声，祝贺您啊！"卡耐基话锋一转，说："茉莉，我真要感谢你啊，要不是你把'如何让奶牛产奶'的演讲资料给我，让我拿到'怎样摆脱忧郁回归快乐'的讲台上去读，我肯定不能赢得空前热烈的掌声。"茉莉羞愧得满脸通红，抱歉地说："卡耐基先生，对不起，我让您闹笑话了。""没关系，谢谢你给了我这次自由演讲的机会。"说完，卡耐基回到座位上，开始埋头整理演讲稿。从此之后，茉莉再也没有犯过同样的错误。

茉莉深刻地意识到了自己的错误，而卡耐基先生的宽容和幽默，更加让她无地自容，也鞭策她在之后的工作中万分小心，保证不再犯同样的错误。倘若卡耐基先生回到办公室后劈头盖脸地把茱莉骂一顿，那么茱莉一定很难继续留在卡耐基身边工作。对于卡耐基而言，已经磨合并且熟悉的茱莉，肯定比新的助理更贴心。为此，在指出茱莉的错误时，他非常幽默地给了茱莉一个台阶，让茱莉在接受批评时不至于太尴尬，又起到了深刻的教育作用。这就是卡耐基先生的高明之处。

不管是在生活中还是在工作中，当别人犯了错误时，千万不要不分青红皂白地横加指责，也不要揪住别人犯错的小辫子不放。归根结底，是人都会犯错误，只要意识到错误并且努力改正就行。过度地批评和指责，不给对方任何缓和的余地，只会在对方心里种下怨恨的种子，导致对方对你心生嫌隙。如果人人都有一颗宽容博大的心，生活就会变得更加美好，人与人之间的关系也会更加和谐友爱。

让批评蕴含在赞美之中

如果说给自己的话加一层甜甜的薄膜，使其穿上糖衣，能收到麻痹敌人的效果，那么赞美式的批评则是明目张胆的胁迫。所谓赞美式的批评，就是把批评蕴含在赞美之中，让赞美伴随着批评。这有点儿像人们平日里说的，打一巴掌，再给个甜枣吃。形象地说，就是批评与赞美相配合，让人即使听出你批评的意思，也因为无法拒绝你的赞美而只能任由你随心所欲地说个尽兴。

这个办法的最神奇之处在于，即使对方听出来你看似是在赞美实则是在批评，也无法与你翻脸成为敌人，只能含笑听你继续说下去。话已至此，不管他是否可以，都只能佯装乐意地接受你的赞美式批评。即使心里窝火，也是有苦难言。

杨君是一名建筑设计师，事业心非常重。为了发展事业，她还和老公周凯约定好不要孩子，因为要孩子不但会让杨君暂时无法工作，也会牵扯他们很多的精力和时间。因为爱杨君，周凯答应了她的要求。然而，周凯的父母盼孙子心切，已经私底下给周凯施加了很多次压力。周凯一个人顶住所有的压力，就是不和杨君说。无奈之下，老两口一合计，决定由老太太出面，和杨君谈一谈。

这个周末，杨君和周凯一起回公婆家吃饭。午饭过后，周凯陪着爸爸一起去蒸桑拿，家里只剩下杨君和婆婆。在此之前，婆婆非常小心地处理婆媳关系，总是担心因为自己的哪句话说不好导致杨君生气。关于这场特殊的谈话，婆婆早已打定主意，要采取赞美式批评的方式进行，让杨君没法挑她的不是。婆婆洗了一盘樱桃，端给杨君，说："君啊，你最近工作忙不忙？身体吃得消吗？"杨君点点头，说："我可以的，妈。我就是想趁着年轻好好工作，拥有自己的事业。我做的是自己喜欢的事情，所以不觉得累。"婆婆又说："你这个孩子，就是要强。你看你累得都瘦了。你知道吗，自从周凯和你认识，第一次带你回家开始，我和你爸爸就把你当亲闺女看待。当然，你也的确是个很好的儿媳妇。你孝敬我们，从来都很舍得给我和你爸爸花钱，给我们买东西都是买最好的。就像上次你爸爸生病住院，你更是白天上班、晚上陪床。你不知道，当时病房里的人都以为你是我们的闺女呢！要说我和你爸对你，那可真是满意。不过，我和你爸年纪越来越大了，人老了，就想有个孙子。你爸常说啊，哪天等到杨君给我们生个孙子，那我们死也闭眼喽！”

婆婆的一番话，让杨君刚开始听的时候满心欢喜，听到最后，她才意识到婆婆又是旧调重弹，在催促她生孩子呢！不过，婆婆把她夸得跟朵花儿似的，她也不好表现出什么，只得一直笑着听婆婆把话说完，还得含糊其词地点头搪塞。

在诸多的人际关系中，婆媳关系是最难相处的，在世界范围内都是难题。这个事例中，婆婆因为担心儿媳妇生气，非常明智地选择了赞美式的批评，先是从各个方面不吝赞美之词地表扬和赞美杨君，最后才说如果要是能给他们生个孙子就更好了。如此隐晦的批评，听起来就是情真意切的请求，杨君又怎么可能因此埋怨婆婆或者对婆婆有意见呢？即使她心里不想生孩子，也只能含笑听完婆婆的话，并且含糊其词地先搪塞婆婆。这样一来，婆媳丝毫没伤和气，婆婆也把自己的心里话都说了出来。

生活中，我们常常处于左右为难的境地。有些话憋在心里不说出来，自己觉得憋屈；说出来呢，又害怕别人生气。在这种情况下，倘若能够采取赞美式的批评，则既说出了心里话，又给足了对方面子，让对方即使不认同我们的看法也会礼节性地耐心听完。如此一来，我们的心愿也就达成了。这，才是聪明人的做法。

把话说到点子上

在生活中，不少人做事做得十分漂亮，然而，让他们把自己的想法说一说，却总是说不清楚，或是词不达意，或是泛泛而谈。他们自己在那里说得滔滔不绝、口若悬河，别人却面面相觑、不知所云，这就是说话没有逻辑性和针对性的后果。在日常交际中，我们说话要有逻辑性和针对性，做到一针见血、言简意赅，这样对方才能明白你说的到底是什么，才不至于在你话语中找到漏洞。古人语："山不在高，有仙则名；水不在深，有龙则灵。"说话也是如此，话不在多，但一定要有逻辑、有针对性。在现代如此高速的生活节奏下，没有人愿意花太多的时间来听你的长篇大论，所以，我们在说话的时候，不要绕圈子，不要南辕北辙，要把话说到点子上，有话则说、长话短说、无话不说，这样才能有效地传达自己的意见，使沟通顺畅地进行。

吴先生是广州某地区有名的房地产大亨，资产逾十亿元。有一年，他带着自己的团队从广州飞往某大城市，准备投资当地的房地产，因此到处寻找合作伙伴。

在经过一段时间的筛选后，吴先生约了一位大型房地产的负责人进行谈判。双方刚坐到谈判桌前，那位负责人立即对自己公司作了较为详细的介绍，表现得精明能干。并且，他通晓市场行情，这令吴先生颇为欣赏。听了那位负责人对合资企业的宏伟计划后，吴先生似乎已经看到了合资企业的辉煌前景。吴先生正准备签约的时候，那位负责人似乎还言犹未尽，他又颇为自豪地侃侃而谈：“我们房地产公司拥有一千多名职工，去年共创利税五百多万元，实力绝对算是雄厚的……”

听到这里，吴先生显得有点不悦，心想：你公司一千多人才赚了几百万元就显得那么自豪和满意。吴先生感到非常失望，这离自己预定的利润目标差距太大了。如果选择这样的负责人经营公司，就很难有较高的经济效益。于是，吴先生当即决定终止合作谈判。

其实，如果那位负责人不说最后那句沾沾自喜的话，也许这次谈判就会以另一种结局告终。那位负责人最后几句不着边际、缺乏逻辑性和针对性、画蛇添足的话，不仅让自身的缺点暴露无疑，而且令吴先生失去了合作的信心，最终打消投资意向。仅仅因为几句话就失掉了一次大好的合作机会，实在是得不偿失。

在日常生活中，我们经常可以看到，有的人总是喋喋不休、滔滔不绝地高谈阔论，但由于其语言缺乏逻辑性和针对性，没有把话说到点子上，所以显得词不达意、语无伦次，让旁边的人听而生厌；还有的人说话毫无逻辑，一会儿说到了这里，一会儿说到了那里，说什么话都不会经过仔细思考，显得很没分寸。其实，这些说话方式都会令你事倍功半，非但达不到沟通的目的，反而会给沟通带来阻碍。

那么，如何使自己的语言具有逻辑性和针对性呢？

1.说话要在理

从一句话听上去是否有理，就能看出这句话是否有逻辑性。一般而言，那些有逻辑性的话语大多能清楚地表达一定的意见。而语言是否有逻辑性，就在于我们能不能清楚地将意思表达出来。因此，说话要有理，要利用语言准确、清楚地表达自己的思想，这样，我们思维的逻辑性也将得到提高。

2.说话要有中心点

在生活中，一些领导人在说话的时候，一般会采用“一”“二”“三”，其实，这样分点叙述只是说话逻辑性的一个表象，并不能完全代表这个人说话有逻辑性。说话有逻辑，是表明你说话有一个中心，然后你所说的其他话都是围绕这个中心的，没有其他的枝叶。所以，说话之前应该把自己要说什么、先说什么后说什么、重点说什么都在脑子里快速地整理好，这样，时间长了，你说话就会观点清晰、富有逻辑性。

3.把话说到点子上

说话有针对性，也就是要将话说到点子上。在语言交际中，为了建立良好的交际关系，为了打动对方，话不在说得多，而在说到点子上。因此，我们在开口之前，应该让自己的舌头在嘴里转个几圈，把那些多余的废话转掉，说一些简单明了的话。要做到一开口就往点子上说，千万不要东拉西扯，让对方不知所云。

第六章

巧妙说服，让他成为自己人

通过共同点抓住对方的心

在口才技巧中，“认同”被认为是双方相互理解最有效的方法之一，也是说服他人最有效的方法。“认同”就是人们在自己的说服对象身上寻找双方的共同点，如共同的职业、共同的信仰、共同喜欢的电视节目等。如果我们能够通过共同点抓住对方的心，在此基础上结合听、问、辨等技巧，必能使他人心服口服。

一天晚上，老王正在房间里睡觉，突然从外面窗台上跳进来一个年轻人，几步就冲到他床边，用一把明晃晃的匕首抵着他的脖子，对着他厉声叫道：“不许动，把你的钱都拿出来！”

老王吓得肝胆俱裂，连连称是，却怎么也起不来床，那盗贼更凶狠地瞪着他，“还不把钱拿出来，真要我捅你一刀才拿么！”老王哭丧着脸哀求道，“我有非常严重的风湿病，手脚疼痛难忍，你这一来，我一害怕，就更使不上力气了……”

那年轻人一听，口气马上就变了，“哎，我爸爸也是风湿病，不过他还没到起不来床的地步，你这病有多长时间了，平时都吃什么药啊？”

老王哆哆嗦嗦地回答他的问题，从水杨酸钠到各类激素药都说了一遍，那年轻人听了连连摇头，“水杨酸钠不是好药，那是医生用来骗钱的药，吃了它不见好也不见坏，后来我就给我爸买了别的药，比这个管用多了。”两人热烈地讨论起来，特别是对一些骗钱的药物的看法相当一致。两人越谈越热乎，年轻人已经在不知不觉中坐在床上了。老王看着那年轻人说道，“小伙子，你看今天咱们这个缘分真是巧，不如你帮我把旁边酒柜里的酒拿出来，咱们爷俩喝点儿，庆祝一下。”

那小伙子说，“不如你去我家喝，我爸爸正好也犯酒瘾呢！”

老王苦着脸说，“好是好，可是我手臂太疼了，穿不上外套。”

小伙子说，“我可以帮忙。”然后他帮老王穿戴整齐，扶着老王出了门。老王不忘笑着打趣他，“小伙子，我家你认识了，下次我要是犯风湿病开不了门，你就还从阳台翻进来吧！”

一番话说得那小伙子十分不好意思。

短短的时间里，老王竟然跟小偷成为朋友，这份缘分无疑是因为“风湿病”这个纽带才连接起来的。我们要使初次见面的人与我们接近，最好的方法就是找出两人的共同点，即使是很小的共同点也可以，当双方的共同点越来越多时，距离也会越来越近。这样一来，说服也就更容易了。

隔壁新搬来一对夫妻，小雨作为社区志愿者，主动去拜访他们，打算请他们为残疾儿童募捐。但这对夫妻正因水管漏水问题与物业争吵，双方意见不合，物业扬长而去，而女主人则用力关上了门。

小雨敲开隔壁家的门，看见女主人正一脸不善地看着她，她忙介绍了下自己，然后说，“听说你们刚搬过来，我代表社区志愿者欢迎你们，正赶上你们的水管漏水了，不如让我看看能不能帮上忙？”对方的态度明显变得缓和了些，脸上也有了些笑容。小雨主动帮这对夫妻联系物业，跑前跑后地帮他们处理水管漏水问题，当终于修好水管后，那对夫妻已经将小雨当成了自己的好朋友。在如此融洽的感情衬托下，小雨委婉地提出了自己的来意，对方一口答应，并大方地捐了几百元。

在说服的一开始就寻找双方的共同点，有利于加强彼此的感情。这种共同点越多，双方的感情也越显得密不可分，即使对方是很顽固的人，也会很容易被说服。小雨与那对夫妻同住在一个小区，这就是一个最明显的共同点，她利用这一点帮助他们解决困难，这样就显示了对别人感情的尊重。在这个基础上，再委婉地提出募捐的要求，就让人难以推却。

有时候，当我们无法说服对方，始终与对方处于对峙情况时，不妨以“其实我和你一样，也一直在考虑这件事”作为突破口，展开话题。

人与人总是有共同点的，这需要我们去挖掘，当你在谈话过程中发现双方的一个共同点时，必须继续找出更多的共同点。你要不断地反复强调彼此之间的共同点，让对方产生“他的想法和我一样”这种认同意识，这样就可以促使对方错误地认为“对面那个人和自己是同伙”。这对你的说服工作会更有帮助。

只要你去寻找，双方之间一定会存在一些共同之处。即使你一时没有找到有说服力的共同点，你也可以试试下面这种说法：“我们之间至少有一个共同点，那就是我们双方都有解决这个问题的热忱。既然如此，我们不妨继续努力，一定可以找出其他共同点。”由于你一再强调共同点，对方自然而然地就会慢慢开启他的心扉。

良好的表达能力利于交际

我们都知道，在人际交往过程中，良好的当众表达能力往往能够使人际关系变得融洽。而在表达的过程中，也就不可避免地会遇到双方观点不同的情景，如果处理不好，往往会对人际关系造成直接或间接的伤害，因此说服技巧和处事应变能力就成了维系人际关系的重要因素。我们总结了在日常生活中可能会运用到的说服技巧，它们将会帮助我们消除尴尬，避免在人际交往过程中因观点不一致而造成麻烦。

某企业要生产一种新型产品，对各个配件的规格要求十分精确，然而当工厂将零件的半成品交工时，竟被发现尺寸全不符合要求，由于生产工期很紧，总经理只得要求工厂尽快重新制造。但工厂负责人认为他们是完全按照企业的规格制造的，不想再重新制造，双方僵持了许久。总经理见局面如此，便对工厂负责人说，“我想这件事完全是由于我们企业设计不周所致，而且令你吃了亏，实在抱歉。今天幸好是由于你们帮忙，才让我们发现竟然有这样的缺点。只是事到如今，事情总是要完成的，你们不妨将它制造得更完美一点，这样对你我双方都是有好处的。”工厂负责人听后，很快就同意重新制作零件。

其实说服在很大程度上是对对方感情的征服，当人们运用情感这一说服技巧时，往往能做到推心置腹，动之以情，讲明利害关系，使对方觉得双方是在公正地交换各自的看法，而非抱有任何个人的目的。这种技巧常常具有极强的说服力，要做到这一点，“知己知彼”十分重要，唯先知彼，而后方能从对方立场上考虑问题。

有一位中学老师接管了某个差班的班主任工作，此时正值新学期伊始，学校安排各班级学生参加平整操场的劳动活动。这个班的学生都躲在阴凉处，谁也不肯干活，老师怎么说都不起作用。

如果你是这个班的班主任，你要怎么说服这些学生出来劳动呢?

这位老师很聪明，她问学生们：“我知道你们并不是怕干活，而是都很怕热吧？”学生们谁也不愿说自己懒惰，便七嘴八舌地说，确实是因为天气太热了。老师说：“既然是这样，我们就等太阳下山再干活，现在我们可以先痛痛快快地玩一玩。”学生一听就高兴了。老师为了使气氛更热烈一些，还买了几十个雪糕让大家解暑。在说说笑笑的玩乐中，学生们接受了老师的说服，不等太阳落山就开始愉快地劳动了。

日常生活中，很多时候，当老师和学生的观点存在分歧的时候，老师曾试图通过说服来解决问题，结果却发现遇到了前所未有的困难。其实，导致说服不能生效的原因并不是老师没把道理讲清楚，而是由于很多老师和同学固执地踞守在各自的立场之上，不替对方着想。如果换个位置，像案例中的这位老师一样，把“不想劳动”换成“天气太热，凉快些再劳动”，同学们就不会拒绝老师的提议了，老师的说服工作也就取得了成功。

说服他人是我们日常生活中经常遇到的情况。那么，到底怎样才能巧妙地说服对方呢？以下是一些简单实用的说服技巧，掌握这些技巧后，你会发现说服别人不仅是一种挑战，而且是一种快乐。

1.利用情感说服

一般情况下，平庸的说服者总是开门见山地提出要求，结果往往是与他人发生争执，谁也说服不了谁；而优秀的说服者则会先与对方建立一种感情，这种感情可能是相互之间的信任、同情，也可能源于对某一事件的相同看法。例如，当遇到说服瓶颈时，你可以这样说："我很理解你，要是我，我也会这样做。"这样就显示了我们对别人感情的尊重，别人就会对你产生好感，你那些说服的话才能继续进行下去。

2.利用熟悉的场所说服

就像体育运动中的"主场优势"一样，说服也会因场所的不同而取得不同效果，心理学家证明，一个人在自己家里或自己熟悉的环境中比在陌生的环境中更有说服力。所以，要想成功说服对方，我们就应该多多利用我们熟悉的场所，如自己的家、自己的办公室，当这些条件不能满足时，我们要尽量选择中性环境，令对方也没有"主场优势"，使得双方可以在相对平等的环境中交谈。

3.利用具体的事例说服

我们在看广告时，是详细介绍产品功能、用法的广告吸引你，还是介绍某人使用产品后的成效更能刺激你的购买欲？优秀的说服者都清楚，在日常生活中，你要说服别人，就要旁征博引，多使用具体的例子，这比一味地说教要管用得多。

4.利用先扬后抑说服

想要说服对方，让对方听从自己的观点，在社会交往中，这是很不容易的事情。有些固执己见的人很难听进别人的话，更别提要他改变主意了。那么，在这样的情况下，我们该怎么来说服对方呢？你不妨试试先扬后抑的方法，就是当我们要说服对方时，可以先承认对方的观点“正确”，然后以对方的理论推导出荒谬的结论，然后，逐一反驳对方的观点，最后得出正确合理的结论。

5.用事实说服

俗话说“事实胜于雄辩”，所以，当我们以情、以理都不能说服对方时，不妨用事实来说服对方，这样一来，对方的任何反对理由便都是站不住脚的。列宁曾说：“如果从事实的全部总和、从历史的联系去掌握事实，那么，事实不仅是‘胜于雄辩的东西’，而且是证据确凿的东西。”因此，用事实说服也是一种简单实用的说服技巧。另外，在我们想要说服别人的过程中，如果你自己没有把握说服别人，不妨搬出权威来，让对方向真理低头，这也不失为一个好办法。

这些说服别人的技巧每天都会在不同的时间、不同的地点上演，有些人因为掌握了其中的精髓而使自己的人脉网络得到了应有的保护和拓展，而另一些人则因为某个细节处理不当而失去了潜在的人脉资源。你最终会成为哪一种人呢？

步步为营，慢慢说服对方

俗话说：心急吃不了热豆腐。说服他人要有耐心，要学会步步为营，循序渐进，切忌快刀斩乱麻。毕竟，任何事情都不可能一蹴而就，说服也是如此，因为被说服人的思维惯性和既成观念是相当顽固的。面对这种情况，如果我们急于求成，那只能让对方对你产生反感情绪，说服自然也不可能达到良好的效果。

有一个心理学家，很善于帮助女性走出失恋的痛苦。有一次来了一位女性，一进门就哭闹着说自己被男友抛弃了，并在心理学家面前大发牢骚，就好像是心理学家让她失恋了一样。但心理学家表现得很坦然，他在与这位女性聊天的时候，先是聊些大众化的问题，慢慢地解除对方的陌生心理。大约20分钟后，这位女性把自己因何而失恋告诉了心理学家，心理学家对症下药，很快就让这位女性脸上出现了笑容。

现实生活中，成功地说服别人并不是一件轻而易举的事，很多人一旦坚持了一种看法或观点，就会形成相当顽固的思维惯性。因此，我们在进行说服时不可心急，要学会用循序渐进的技巧逐步说服对方。

对此，要注意以下几点：

第一，说服他人，要先从对方情感的角度出发，采用由小到大的幅度、步步紧跟的说服方法，一步一步具体而又细致地为对方剖析情势，为其出谋划策，这样就一步一步地把双方的心理距离拉近了。

第二，遇到十分固执的对象时，可以采用以迂为直的策略，先聊一些与实质性问题较远的其他话题，再由远及近一步步切入实质性问题。这种方法的好处是能逐渐拉近双方心理的距离，层层铺垫、步步深入地引导对方。

第三，如果说服别人的时候一开口就触及到了核心部分，势必给对方带来不必要的压力，自然对方不会轻易接受你的说服。

当然，再好的说服方式也需要适当的时间和场合，孟子就说过，“天时、地利、人和乃作战取胜之道”。要选择有利于说服的环境，再配合适合的说服方式，才会收到预期的说服效果。否则很可能事倍功半，甚至事与愿违。

成功的说服是让对方心服口服

生活中，我们总有些时候会情不自禁地想要改变他人，说服也是这种情况之一。所不同的是，有些改变是强迫他人，有些改变则是让人心甘情愿地接受。成功的说服，是让别人心甘情愿地想改变，而不是被强迫。每个人都有属于自己的性格和思想，每个人的生活方式和兴趣爱好也不尽相同。这个世界之所以缤纷多彩，就是因为每个独特的个体大放异彩。就像丑和美一样，如果世界上的每个女人都长得像范冰冰，每个男人都长得像黄晓明，那么也就无所谓美和帅。同样的道理，如果每个个体都一样地循规蹈矩、整齐划一，那么世界就会变得索然无味。所以，我们要尊重每一个个体。任何时候，我们都不应该强迫他人。

通常，很多人在说服中最常犯的错误是，先设想无数个理由，目的只有一个，即驳斥对方。然后再以专家或者权威人士的口吻，不顾及对方的感受，一味地批评和指责对方，并且颐指气使地教导对方。最后，他们居然还强迫对方一定要改正自己的错误思想，接受他们的正确建议。如此一来，只怕大多数人都会产生逆反心理，根本不愿意与之交谈。聪明的人在说服他人时，首先会认可对方的观点，然后再根据实际情况作出分析，与之探讨用哪种方式能够更高效合理地解决问题。这样的方式，容易与对方产生心灵之间的交流，改变也就自然而然地发生了。

秋秋是个非常强势的姐姐，不管做什么事情，都恨不得代替妹妹思雅作出决定。思雅高考时，已经工作的秋秋从千里之外打来电话，强烈要求思雅考到她所在的城市。当时，思雅年纪比较小，从未出过远门，想到上大学有姐姐照顾也好，就顺从了。后来，思雅大学毕业之后开始工作，第一次谈恋爱，就因为秋秋的反对宣告结束。原来，单纯的思雅找了一个和自己一样的外地男孩，想要一起奋斗。秋秋却说："你们全都一穷二白，将来怎么过日子啊！你必须找个本地的，这样以后才好有个照应，房子也是现成的。"不过，思雅虽然性格软弱，但是在爱情方面坚定不移。她没有听秋秋的话，继续与男友交往。无奈之下，秋秋把爸妈从老家接了过来，一家人想尽办法拆散了思雅和男友。

后来，秋秋给思雅介绍了一个男朋友。这个男孩不论是相貌人品还是工作能力，都远不及思雅的初恋男友。秋秋的理由非常充分："小张是本地人，父母都有稳定的工作，家里有两套房子。你结婚以后不用自己奋斗买房，也不用和公婆挤在一起住。不管你挣多挣少，都会生活得很惬意。”在秋秋的影响下，父母也极力劝说思雅接受这个男孩。最终，思雅同意了。然而，她一点儿也没有初恋的幸福和甜蜜。

结婚之后，思雅才发现这个男孩好吃懒做，仗着是本地人，从来不发愤图强，只想着啃老。而且，这个男孩根本就瞧不起外地人，他的父母也和他一样，根本不尊重思雅。结婚一年多之后，思雅就不堪忍受，选择了离婚。看着如今孑然一身的思雅，秋秋不由得深深懊悔起来。她说：“哎，早知道当初我不反对你就好了。也许，你们现在正过着清贫却幸福的小日子。”

秋秋因为强势，也因为自以为是，一直在干涉思雅的事情。她不知道感情的事情关乎每个人一生的幸福，外人最好不要强迫当事人作出选择。她的错误就在于，把自己认为好的给了妹妹，却贻误了妹妹一生的幸福。说服他人就是如此，大多数承担说服工作的人都不是当事人，正因为如此，他们并不真正了解当事人的感受，所以始终是在以局外人的身份进行说服工作。然而，偏偏很多说服者又入戏太深，情不自禁地就站在自己的角度代替当事人作出判断和选择，最终导致好心办坏事。

无论什么时候，说服都要以理动人、以情感人；但是也要记住，不能代替他人作出判断、选择和决定。只有合理而又中肯的建议，才能给予他人最好的帮助。否则，强迫他人接受的后果，一定是遗恨。即使是父母对待自己的孩子，也不能因为生养了孩子就不尊重孩子的想法。要记住，每个生命都是独立的个体，都有权利选择和决定自己的生活。

角色互换，感受他人的立场和情绪

每当一件事情发生时，如果你不是当事人，即使你再怎么设身处地，也无法真正理解当事人的感受。也正是因为如此，每个人在看事情和处理问题时，总是理所当然地从自身的角度出发，丝毫不顾及他人的感受。日久天长，人们之间的误解也必然越来越深，以致产生隔阂。要想避免这种情况的发生，有一个很好的办法值得借鉴，即角色互换。角色互换分为两种，一种是真正形式上的角色互换，还有一种是心理意义上的角色互换。通常，后一种方式使用范围更广阔，使用频率更高。归根结底，生活不是过家家，很多角色并不能像在游戏的世界里一样互相颠倒。

当当事双方不能彼此理解和体谅时，我们就可以使用角色互换的方法，帮助当事双方彼此之间加强了解。形式上的角色互换当然很好理解，但是心理上的角色互换则要求我们有同理心。所谓同理心，就是理解和体会他人的想法，感受他人的立场和情绪，并且从他人的角度出发，思考和解决问题。通常情况下，感情细腻的人更容易培养自己的同理心，因为他们能够更加深刻地体察他人的情绪，对他人的感受感同身受。只要做到角色互换，人们相互间的误解就会大大减弱，冲突也会越来越少。

月华一个人在美国留学，为了贴补日常开销，她学习之余便去一家快餐店打工。有一天中午，恰逢周末，人很多。也许是因为着急吧，月华居然把一包糖作为咖啡伴侣给了顾客。顾客是一位中年女士，有些肥胖，对此非常生气。她质疑月华：“你是不是故意的，难道你不知道我正在减肥吗？你这个错误简直不可原谅。”很快，餐厅主顾闻讯赶来。月华委屈极了，她想：这只是一包糖，又不是毒药，至于这么歇斯底里吗？那个时候，月华刚去美国不久，根本不知道，美国人把减肥当成头等大事来抓，因而一切阻碍减肥的事情都是天大的事情。看着眼泪在眼睛里打转的月华，餐厅主管拍拍她的肩膀，小声说：“如果我是你，我不会和她争辩。我会立刻向她道歉，然后不收取她的餐费。”月华压抑着心里的委屈，照着主管的话做了。果然，那个女顾客很快就不再嚷嚷了。原本，月华以为主管会在此事平息之后辞退自己，因而作好了最坏的打算。不承想，直到下班的时候，主管才过来心平气和地对月华说：“如果我是你，我就利用下班时间熟悉这些调味料的位置，这样以后就不会再犯同样的错误了。”

一天之中两次听到这句“如果我是你”，月华感动不已。她想，主管一定是想了无数遍“如果我是你”，才这么宽容地理解她、体谅她、包容她。后来，月华大学毕业了，进入美国社会开始工作，也曾经遭受过很多误解和委屈，但是她始终都对自己说“如果我是你”。正是这样的换位思考，帮助月华度过了人生中最难熬的阶段，也使她顺利成长为一名职业女性。

同样是指导他人怎么做，“如果我是你”，显然是站在对方角度考虑问题、进行换位思考，让人很容易就能接受这种充满善良、理解和体贴的建议。这比颐指气使地告诉他人怎么做，或者声色俱厉地指责他人，效果好了不知多少倍。“如果我是你”，瞬间拉近了人们之间的心理距离，让原本处于微妙对立之中的人，变成了同一个战壕的朋友。人们常说，人同此心，心同此理。这样的同理心，带给人们的是美好的感受，是心甘情愿的改变，是真正的换位思考。

有些销售人员，在催促客户达成交易时往往急功近利，让客户产生警惕心理，因而导致原本谈好的事情被全盘推翻。这些销售人员虽然表现非常好，也特别努力，但是在工作上始终没有很好的表现。究其原因，就是他们缺乏换位思考的精神，一味地从自己的角度出发追求利益。销售人员倘若，倘若能够换位思考，从客户的角度出发考虑问题，推荐符合客户需要的产品，那么工作效率一定会成倍增长，也会因此与客户成为很好的朋友。要知道，只要你足够真诚，对方是一定能够感觉得到的。

尤其是在职场中，同事之间往往处于利益的对立面。一味地因为利益而争执，往往只会使事情更加糟糕。倘若能够运用换位思考的方式，更好地理解和体谅对方，甚至主动作出让步，那么对方也会因为互惠心理作出相应的让步。正所谓退一步海阔天空，各退一步的结局自然更加完满。既然如此，我们为何不能做到心胸开阔，成人之美呢！要知道，在你成人之美的同时，你也有了更多的机会改变命运，创造人生！

利用从众心理说服对方

从众心理是一种心理学现象，指的是个人在外界人群行为的影响下忽视自己独特的感受、知觉和判断，最终作出符合大众趋势的选择。心理学家曾经对从众心理展开试验，结果证实，在从众心理面前，只有极少数人能够保持特立独行，而大多数人都做出了不同程度的从众行为。这样一来，必然导致个体的独立性被湮灭，个体失去自己的思想和主见，变得圆滑世故。当然，从众心理并非只有坏的影响，如果把从众心理用来说服他人，也许可以使说服工作事半功倍。其实，浅白地说，从众心理就是人们日常生活中所说的“随大溜儿”。细心的人会发现，生活中人们“随大溜儿”的行为非常多。例如，走在大街上，如果一个人发现前方簇拥着一群人在排队买东西，那么这个人往往也会停下脚步，加入排队的队伍中去。从某种意义上来说，这与人们潜意识里的“少数服从多数”的想法不谋而合。大多数人都觉得，只要大家都去做的事情，大概不会错。因此，如果运用这种心理说服他人，也会让我们少费口舌，使说服工作马到成功。

当然，每个人的性格都是不同的，这就决定了人们从众的程度也各不相同。通常情况下，女性比男性更容易选择从众行为；性格软弱的人比性格强硬的人更容易表现出从众行为；没什么社会经验的人，往往会选择相信年长者或者是工作资历更丰富的人……不管是在生活、学习还是工作中，只要有人群的地方，都会发生从众行为。例如，在一场考试中，如果监考老师因为有事情离开了，而且没有短时间内回来的迹象，那么当大多数人都打开书本照抄起来时，那些少数遵守纪律的同学也会动摇，甚至也打开书本照抄。曾经有个电视节目，针对闯红灯现象进行调查拍摄。事实证明，在红灯路口，如果没有任何人闯红灯过马路，那么大家基本都能安分守己地等待。如果有一个人对红灯视若无睹，横穿马路，那么在场的大多数人都会立即跟随在他的身后，也开始闯红灯过马路。即使有一两个坚持遵守交通规则的人，也会因为路口只剩下他自己等待而放弃原则，跟在大多数人身后闯红灯。这就是从众心理的巨大影响。实际上，留在原地等候的人尽管显得有些死脑筋，却是正确的，完全没有必要跟随别人一起闯红灯。然而，他还是被从众心理征服，选择了随大溜儿的行为。反过来，如果我们把如此强大的从众心理的力量用于说服他人，效果一定让我们惊喜。

娜娜大学毕业后留在上海工作，每次回家都会给家人带礼物。这次，娜娜给妈妈买了一件漂亮的红呢子大衣作为春节的礼物。妈妈看到那鲜艳的中国红，不好意思地说："这个太红了吧，我怎么好意思穿呢！"说完，妈妈就把衣服收进了衣柜，一次也没有穿。眼看着明天就是大年初一了，娜娜特别想让操劳了半辈子的妈妈穿着这件漂亮的大衣走亲戚。

晚上，娜娜对妈妈说："妈妈，我跟你说，上海那些老太太今年特别流行穿红。你知道吗，我回家的路上遇到一个老太太，人家都七十多岁了，满头银发，配上红色的大衣，简直精神奕奕，漂亮极了。你看看，你只不过才五十多岁，怎么就不好意思穿红色的了呢！你没发现么，现在是年纪越大的人越爱穿鲜艳的颜色，年轻的人反而穿素色呢！明天，我就穿着黑色的毛呢大衣，你呢，就穿这件红色的，别人一定说咱们俩是姐妹花！”在娜娜的鼓动下，妈妈也蠢蠢欲动，她说：“其实，我真的挺喜欢穿红色的。我上次去上海看你，那些老人的确爱穿红的。要不，我穿上试试？我就怕人家说我。”娜娜笑着说：“人家说你，也是嫉妒你。说不定，她们想穿还找不到地方买呢！我这可是给你买的最新款啊！”

第二天，妈妈果然穿上了红色的大衣，就像新年一样喜庆。她的那些好姐妹，看到之后纷纷惊呼好看，都羡慕不已呢！

在说服妈妈穿上红色大衣的过程中，娜娜显然运用了从众效应。娜娜知道，妈妈是很爱时尚的，也很欣赏上海的老人们大胆穿衣打扮的风格。因此，当听到娜娜说上海的老太太都穿红色大衣时，妈妈不由得怦然心动。当然，她随的是上海老太太们的大溜儿，而变成了家里这些姐妹领先时尚的先驱，这样的感觉当然不错。看着打扮得焕然一新、充满喜庆的妈妈，娜娜的心里也乐开了花。

在现代职场中，各种心理战术层出不穷。倘若能够在谈判中巧妙运用从众心理，就能在无形中控制对手心理，为自己争取更多的胜算。这样一来，就能占据谈判的先机，让自己旗开得胜，在工作中拥有出色表现。总而言之，说服他人是需要技巧的，一味地蛮干往往不能使人心服口服。只有让对方从心理上产生转变，我们的说服工作才能获得根本性的成功。

第七章

懂得赞美，瞬间打开对方心扉

赞美是人际交往的法宝

常言道，良言一句三冬暖，恶语伤人六月寒。作为人与人之间沟通的媒介，语言在人际交往中起着巨大的作用。有的时候，我们一句无心的话就会伤害他人脆弱的心灵；也有的时候，我们一句无心的赞美，就会让他人扬起自信的风帆，勇敢地面对生活。总而言之，赞美不但是人际交往的法宝，也是一种非常伟大的语言艺术。当然，虽然赞美拥有神奇的魔力，但是既不能泛滥也不能虚伪。真正的赞美，和低俗的曲意逢迎不同。赞美，是发自内心的赏识，是真诚友善的表达，是没有任何功利目的的真情流露。曲意逢迎则不同，它往往带着目的性，说话的人也并非出于真心。正因为如此，曲意逢迎的人总是不能够真正发现他人的美和优点，而只是随便找个借口阿谀奉承而已。而赞美，一定有着明确的针对性。一个人若能发自内心地赞美他人或者事物，必定是发现了其值得赞美的地方。这种善于发现美的眼睛，必将让我们拥有更多的朋友，也受到更多人的欢迎。

不管是在生活中，还是在职场上，我们都应该让赞美始终伴随着我们。正如一位名人所说的，生活中并不缺少美，只是缺少发现美的眼睛。当我们拥有一双善于发现美的眼睛，对他人对事物都能怀着一颗赏识的心，我们就会发现，生活中有很多值得我们赞美的地方。很多人都为人际关系而苦恼，殊不知，赞美是人际关系的法宝。前文我们就曾说过，没有人会拒绝赞美，尤其是恰到好处的赞美。由此可见，如果你能慷慨地赞美他人，并且找到他人真正独特和突出之处，给予其恰合时宜的赞美，你一定会拥有好人缘。尤其是对于职场的人来说，同事之间的关系非常微妙。倘若我们能够真心地赞美同事，那么，即使再难以相处的同事，也会给予我们最基本的尊重和礼貌。很多情况下，恰到好处的赞美还能帮助我们实现心愿，事半功倍呢！

自从年会之后，小米的事业可谓节节高升。这是为什么呢？小米对此心知肚明。

每年一度的年会，是小米这样的基层员工能够与中高层领导平等、轻松相处的唯一机会。因为公司的年会是以酒会的形式开展的，所有同事在这一天并没有职位的高低之分，可以端着酒杯四处随意畅谈。不过，即便如此，日常工作中形成的小圈子依然存在。当大多数普通员工依然乖乖地与同级别的同事聊天时，小米早就策划着要和公司唯一的美女高管套套近乎。不过，美女高管一直被众人簇拥，小米很难有机会。她一直在等待，直到看到美女高管去了洗漱间补妆，小米这才赶紧去制造偶然邂逅的机会。

“您好啊，那总。您今晚真漂亮，就像是一颗璀璨的明珠。”小米和那总并排站在镜子前，不由得夸赞那总。不承想，那总似乎已经习惯了这样的阿谀奉承，只是对小米轻轻地点了点头，就不再看小米了。

小米有些尴尬，这时，她突然看到那总脖子上戴着的项链，因而说道：“那总，您这条项链真别致。看起来古色古香的，非常质朴。我想，它一定是有故事的。”听到小米的话，那总不由得抬起头来，认真地看着小米。那总笑着说：“你可真有眼光。这条项链并不名贵，是我从巴黎的一家二手店淘来的。当时，我和你的感觉一样，古色古香，非常质朴，因此一眼就爱上它了。直到现在，它依然是我最喜欢的项链。”小米真诚地说：“那总，您真是太有眼光了，这比名贵的珠宝更难得。”那总问：“对了，你叫什么名字，是哪个部门的？”小米进行了简单的自我介绍之后，说：“那总，我可以加您的微信吗？我想，我要学习您高雅的品位。”那总很高兴地和小米互相加了微信，后来，小米时不时地关注那总的朋友圈，她们居然成了朋友。聪明人不用想，也知道小米为何步步高升了。

对于一个美女高管而言，她几乎被恭维包围了。因此，在听到小米的第一句赞美时，她丝毫不在意。幸好，小米马上发现了那总别致的项链，因而有针对性地赞美那总眼光独到，品位高雅，这样才使那总抬起头来关注她。这句恰到好处的赞美，让那总觉得小米与自己性情相投，因而对小米顿生好感。就这样，小米在收获友谊的同时，也收获了事业的飞速进展。

赞美，一定不能空泛。尤其是对于那些经常接受赞美的人而言，庸俗的赞美根本不能使他们心生感动。只有用心地发现他人的独特之处，然后再给予真诚的赞美，他人才能感觉到你的用心，从而对你青睐有加。

从对方兴趣爱好着手，俘虏他的心

生活有的时候让人感到兴致盎然，也有的时候让人觉得索然无味。为了改善生活的乏味和无聊，每个人都有自己的兴趣爱好。这些兴趣爱好就像是生活的调味剂，在我们干腻了一件事情之后，帮助我们重新找回生活的乐趣。例如，有些白领朋友工作日整天闷在写字楼里，到了周末，就会和驴友结伴去爬山，或者和好友一起去游泳、打球。当然，有些人比较好静，他们也许会选择和好友去茶馆坐坐，或者一个人去咖啡厅看书。这些，都是人们不同的兴趣爱好。所谓兴趣爱好，顾名思义，就是一个人喜欢做的事情，而且做这件事情能给他带来很多乐趣，让他从不觉得厌烦。其实，每个人都需要有个兴趣爱好，这样才能在觉得生活枯燥时依然有喜欢的事情可干。

既然兴趣爱好对每个人都这么重要，甚至兴趣爱好是否相投都被列为寻找人生伴侣的参考条件之一，那么在说服他人的过程中，我们也可以以兴趣爱好作为切入点，以此打开对方的心扉、走进对方的心里。这样一来，对方对我们就不会那么心怀戒备，也更容易听进我们的观点、采纳我们的意见，而说服工作也将收到事半功倍的效果。曾经有位销售冠军说，他的销售秘诀就是说别人喜欢听的话。唯有如此，交谈的双方才会都有所收获。从某种意义上来说，这是投其所好的一种方式，是交谈的捷径之一，也是一种沟通的技巧。要知道，兴趣爱好并不受年龄、职位和权势的影响，和金钱、财富也没有太大的关系，纯粹是个人的喜好而已。也许，一个几岁的孩子喜欢下象棋，甚至因此与一位八十多岁的老翁结缘，成为了莫逆之交。这就是兴趣相投的神奇魔力。当你在说服他人时，倘若能够做到从兴趣爱好着手，那么对方马上就会忘记你的身份、地位和社会角色，你们会共同沉浸在共同的兴趣之中。当产生共鸣之后，再说些无关紧要的事，对方当然会欣然接受。

凯瑞是一家公司的采购主管，主要负责为公司采购大宗商品。当得知凯瑞正在为公司采购电脑时，一位电脑推销员来到了凯瑞的办公室。当然，凯瑞已经拒绝了无数个推销员。面对这个推销员，他原本也是一副拒人以千里之外的样子。不承想，这个推销员却像老朋友一样和凯瑞聊起了中国。原来，凯瑞是个中国通，尤其喜欢中国的风土人情和文化。这个推销员还带了中国的四大名著珍藏本送给凯瑞。整整两个小时的时间里，他和凯瑞从西藏聊到云南，从上海的红烧肉聊到四川的红油抄手，从北京的烤鸭聊到南京的盐水鸭。原来，他知道凯瑞不但是个中国通，而且是中国美食的狂热爱好者。在凯瑞说得兴致勃勃时，推销员惊讶地说："凯瑞先生，如果不是您长着一张西方人的面孔，我一定以为您是土生土长的中国人呢！要知道，您对中国简直太了解了。我想，您一定比很多中国人更了解，也更爱中国。"听到这样的赞美，凯瑞简直高兴得合不拢嘴。最后，这个推销员说："凯瑞先生，虽然我们此前不认识，但是我们现在已经成为了朋友。我要告诉您一个好消息，我的妻子是中国重庆人。我想，您一定想尝一尝她亲手制作的重庆火锅，您也会很乐意喝中国的青岛啤酒。怎么样，这个周末来我家吧！"说完，推销员留下家庭地址，就起身告辞了。

毫无疑问，凯瑞又吃到了日思夜想的中国重庆的火锅，还喝到了最美味的中国青岛啤酒。在他们大快朵颐、酣畅淋漓地喝啤酒期间，凯瑞简直忘记了这是一个推销员的家。他们一直在说中国，尤其是这家的女主人，简直是个中国的百科全书。就这样，周一上午，凯瑞主动打电话给推销员，让他带着合同来签约。

通常情况下，人们都愿意与和自己有共同兴趣爱好的人交往。这是因为，双方更容易在交往中找到相同的话题，也更容易引起共鸣。显而易见，这个推销员非常聪明。他知道凯瑞是个中国迷，也是个中国通，因而为凯瑞准备了一份大礼。此外，他还邀请凯瑞去他家里做客，尝尝他的中国媳妇做的重庆火锅。这样一来，凯瑞无形中就与其亲近了许多。虽然推销员从头到尾都没有提起推销电脑的事情，但是凯瑞主动邀请他签约，不得不说这是一次非常成功的推销。

在生活中，我们时常想要接近一个人，或者说服一个人。如果你足够了解对方，知道对方的兴趣爱好，与其费尽口舌劝说，不如从他的兴趣爱好着手，首先俘虏他的心。这样一来，说服也就是水到渠成的事情了。

有理有据，让赞美不言过其实

曾国藩很善于赞美自己的下属，以鼓舞他们的士气，并且他的赞美向来有理有据，没有一丝的言过其实。有一次，曾国藩把自己的下属全部召集在一起讨论下一步的作战方针，首先他先发言说："在座的各位都已经知道了吧，洪秀全是从长江上游东下而占据江宁的，因此说江宁上游是洪秀全的气运所在。现在湖北、江西两地均为我收复，在江宁之上，仅存安徽一省没有收复，如果安徽被我收复，那么江宁则早晚必成孤城一座。"

此时，曾国藩手下一贯沉默寡言的李续宾从曾国藩的话中意识到了下一步的用兵重点，就试探着插话问道：

"涤帅（指曾国藩）的意思，是要先攻打安徽？"

"对！"

曾国藩见李续宾猜出了自己的意图，以赏识的目光看了李续宾一眼，接着说："迪庵（李续宾）说得好，看来你平时对此已有思考。为将者，拔营攻寨算路程等尚在其次，重要的是胸有成竹，规划宏远，这才是大将之才。迪庵在这点上，比诸位要略胜一筹。"其他将领也点头称是。

曾国藩的赞美为什么那么成功？原因有二：一是抓住李续宾的一句话引出大将之才的许多道理，事实清楚，道理深刻；二是他善于把握时机，赞美得有理有据，没有言过其实。赞美的力量是无穷的，它能让人认识到自己存在的价值，能鼓舞人的斗志，能把人推向收到的赞美的预期效果。赞美要有理有据，这样大家才能心服口服。"有据"就是要有事实依据，确凿无疑，谁也说不出个"不"字来。"有理"就是要求说话有道理，无可挑剔。除此之外，在赞美别人时我们还要注意什么呢？

1.赞美要实事求是

真正的赞美，是有理有据的。如果言过其实或者言不由衷，就可能会变成“拍马屁”了，对方也会怀疑你的真实目的。比如，我们对一位清洁工人这样赞美：“您真是一位成功人士啊！你具有非凡的气质，您是一位伟大的人！”对方一定会认为我们精神有问题，因为这些话好像和他没有一点关系。只有实事求是地去赞美他人，才能抓住对方的心，才能获得对方的好感，改善人际关系。

2.当众赞美别人

如果我们要想在自己的生活圈子里面成为受欢迎的人，学会赞美是必不可少的。要想在赞美别人的时候让对方认可，让对方感到被重视，那就需要当众赞美别人。当你在众人面前赞美一个人的时候，对方就会像受到特殊礼遇一样，心里美滋滋的，就像案例中曾国藩当众赞美李续宾一样，在座的其他人也会认可和羡慕他，这就是当众赞美的魅力。

3.赞美别人要掌握好分寸

赞美他人的形式是多种多样的。但赞美他人时必须懂得因人而异地掌握分寸，要注意讲话时的环境，观察别人的神情。当你赞美别人时，别人发出会心的微笑或谦虚地说“哪里，你过奖了”等，此时，你可以继续去赞美；而当别人对你的赞美没有任何反应的时候，你就要观察一下对方是不是有什么心事或遇到不高兴的事情。赞美也是因人、因事、需要环境的，所以，在赞美别人的时候，一定要掌握好分寸。

4.适当地加上肢体语言

选择恰当、得体、文雅、幽默的语言赞美他人固然很重要，但这也只能传达你所要表现的信息的一半。那么，另一半是什么呢？是你的表情、眼神和肢体形态，这些必须与你的语言同步。想要把自己的肢体语言作为一种礼貌的信息与自己的语言同时传达出去，就要求我们学会并培养自己的风度并且随时准备考虑和吸引他人的兴趣，把大家共同关心的话题引入正轨。赞美是整套的语言表达方式，不是单纯地靠嘴把赞美之词说出去，适当地加上肢体语言，会让别人更易接受你的赞美。

真情实意地赞美对方

童童很善于用自己的赞美去帮助身边的朋友和伙伴们。在他的寝室里有一个性格比较孤僻、不善言谈的同学，被别的同学私下里称为“弱智”，同学们跟他说话的语气也都怪怪的。

自从童童担任宿舍长后，他决定改变这个被别人称为“弱智”的同学。有一次，在课外活动时，童童看到这个同学独自一人坐在教室里，他便走过去，用最贴心、最真心实意的语气同他说话：“我发现你上课听讲挺认真的，而且反应并不比别人慢，我相信你肯定比我聪明，只要你努力学习，一定会考在班上的前几名。”

这个同学听了童童的话，若有所思地点点头。然后，童童又诚挚地说："不如我们一起参加活动吧，一个人坐在这里也挺无聊的，就当陪我吧！"说着就把他拉到同学们中间，与他一起参与同学们的活动和游戏，后来，同学们也都争着和他们做游戏了。慢慢地，这个同学和同学们的关系变得融洽了，学习成绩也提高上去了，再也没有人说他"弱智"了。

多年后，那位曾经孤僻的同学已经成为深圳一家大公司的销售总监。在一次同学会上，他拉着童童的手说："当年你对我说话的语气改变了我的一生。"

赞美是一门艺术，是一门学问，赞美别人的时候要发自内心地、出自真情实意地去赞美人、去帮助人，这时候对方会因为你真情的赞美而改变。在日常生活交往中，我们应从具体的事件入手，善于发现别人哪怕是微小的长处，并不失时机地予以赞美。赞美是发自内心的，只有真情实意的话语，才不会给别人虚假和牵强的感觉。虽然人们都喜欢听赞美的话，但不是任何赞美都能让对方高兴。在赞美别人时，最要不得的就是虚情假意、表面恭维。那么，如何才能真情实意地表达自己的赞美呢？要注意哪些呢？

1.感情真挚地赞美

赞美是一种语言艺术，是怀着一种真诚待人的心态从而表现出对生活的热爱和精神上的愉快，同时更是一种勇气，将有助于你在现实生活和社会交往中获得成功。

赞美别人时也要看具体的对象，比如，根据被赞美人的身份、年龄、关系、心境、环境、场合不同，所用的赞美用语也是不相同的。如果不关注这些基本的条件，让赞美的话找不着落脚的点，那么，即使说得再好，也是起不到任何作用的。比如，一个女孩确实是身材苗条，我们才可以说她“身材好”，她的眼睛长得美，我们才说她“眼睛漂亮”；一位男士确实个子高，人又长得英俊，我们才说他是“又酷又帅”……

2.赞美不宜太夸张

赞美是无处不在的，但在赞美别人的时候不能太夸张。比如，你的一个很好的朋友，他的口才非常好，你称赞说：“你的口才真棒，是我见过的口才最优秀的人。”很显然，这样的赞美不痛不痒，且有些言过其实，这不但不能取悦于对方，还会引起对方的不满，这样的称赞无异于阿谀奉承。如果你能换个赞美的方式，或许会收到意想不到的效果，比如：“你说起话来既简洁又流畅，我真羡慕你啊，不像我说话总是啰啰唆唆、颠三倒四的。”假如你这样说，你的朋友会因为你的赞美更加欣赏你，这才是最得体的赞美。

3.赞美不要太肉麻

赞美不是无原则的吹捧，也不是使人肉麻的讨好迎合，更不是借赞美之语去挖苦、嘲弄对方。当你在赞美别人时，要尽量注意所用词语的度，能表达你的意思就可以了，说得太过、太露骨，容易引起别人的反感；也不适合用太多感性的词语，否则说出来的话会很肉麻，容易引起别人的反感。如果对方自己觉得可能没有那么好，那么你的赞美无疑是对对方的讥讽或挖苦。比如，赞美一个美丽可爱的女孩：你是美丽的女神，我为你而倾倒。这样太肉麻的赞美会让人反感，还不如具体地赞美：你的眼睛清澈得像湖水，没有一丝尘埃……这样具体的赞美会好得多。

赞美不笼统，要有针对性

心理学家认为：“人类本质中最殷切的需求是渴望被肯定。”在生活中，被人赞美是一件令人喜悦的事情，恰如其分的赞美，能使人感受到人际间的理解和温馨，能够打动他人，有效地增进赞美者与被赞美者之间的心灵交流。一个人若是学会了赞美，往往能够使他受益无穷。在日常交际中，我们经常感受到赞美的魔力，赞美不仅能打动他人，也能使我们获得友情和帮助。人总是对自己最感兴趣，认为自己最重要，且希望被人赞美。因此，在与他人的交往过程中，我们应该遵循一个原则：尊重他人，肯定他人，并真诚地赞美他人。不过，就赞美而言，也是需要一定的技巧的。我们对他人的赞美不能太笼统，而应有针对性。

在生活中，我们经常听到“你这个人真是太好了”之类的话，虽然这听上去就是一句赞美的话语，但是具体好在哪里呢？赞美者如果不能说清楚，就会给人一种虚假的感觉，如此的赞美，不仅不能打动人心，反而令人生厌。因此，在赞美他人时，我们需要有针对性地赞美，比如，对男人你可以夸他帅气，对漂亮的女人你可以赞美她的打扮，对一个母亲你可以赞美她的孩子可爱，对上司你可以夸奖他的领导力。

这天，公司的职员小路心情特别好，她觉得公司特别温馨，觉得每个同事都很可爱，甚至，她主动承担了上司布置下来的工作任务。可能她自己都说不清楚这到底是为了什么，这不仅是因为她今天穿了条新的裙子，更因为她在刚走进公司门口的时候碰到了同事小娜，虽然她们平时话不多，但是，小娜看见穿着新裙子的小路，脱口就说："哇，你的裙子真漂亮！款式很适合你。"可能小娜也没想到，自己一句最普通的赞美，会给小路带来如此好的心情。

对于漂亮的女同事，就需要赞美其装扮，因为漂亮的外表是她们最在意的部分。小娜如此有针对性的赞美，自然会打动小路的心，而且给小路带来了一天的好心情。一般情况下，太笼统、太宽泛的赞美会给人一种虚情假意的感觉，而有针对性的赞美能让对方感觉到你是发自内心地赞美，这样的赞美自然能很好地打动对方。

那么，如何能做到有针对性地赞美呢？

1.赞美对方的某个动作或行为

在生活中，泛泛的赞美很快就让我们词穷了，除了真好、真棒、你是最棒的，超不过十个词，然后就没什么可说了。对于每个时刻来说，怎么才能做到针对性地赞美他人呢？其实，我们很有感触，比如，你见到一个人，不说她漂亮，而是说"今天的发型让你神采奕奕"，那么，对方是不是会更高兴呢？因此，与其空泛地赞美，不如说出对方最让你满意的某个动作或者行为。

2.针对不同类型的人

在赞美他人的时候，我们还需要针对不同类型的人作出恰当的赞美。比如，见到一个孩子，你不能说潇洒，而应说聪明、可爱、懂事；见到漂亮的女人，就应该赞美其漂亮；见到男人就应该赞美其潇洒帅气。如果你对他们没有针对性地赞美，对方定会觉得你是虚情假意，又怎会被你打动呢？

适度恭维，先发制人

有两个钓鱼高手经常在一起比赛钓鱼。这天他们俩又相约去垂钓。两个人还跟往常一样各凭本事、大展身手，一会儿工夫就钩了好多鱼。

他们的钓鱼比赛引来了很多的游客争先观看。游客们看到这两位高手很轻松地就把鱼钓了上来，都十分地羡慕，并且有人跃跃欲试。于是，有人去买了垂钓工具，也想试试手气，没想到那些不懂钓鱼的游客竟一条鱼也钓不上来。

两位钓鱼高手，一个性格孤僻不爱搭理别人，专心钓自己的鱼儿；而另一个却是个热心肠的人。那位热心肠的高手看到游客钓不上鱼的焦急模样，就对他们说：“你们的基本功都挺好的，只是缺了一点小诀窍。这样吧，我来教你们钓鱼。如果你们学会了我传授的诀窍而钓到一大堆鱼，那么，每十尾就分给我一尾，不满十尾就不必给我。”

大家都很乐意地接受了这样的提议。

就这样，一天下来，那位热心肠的高手一直忙于向别人传授钓鱼的方法，最后，竟获得了满满的一大篓鱼。而那些学习钓鱼的游客，左一声“师父”右一声“老师”地叫得那热心肠的高手心里暖洋洋的。

当大家都围绕着热心肠的高手学习钓鱼时，那位性格孤僻的高手显得更加孤单寂寞。一天下来，他才发现自己努力专心钓到的鱼远没有同伴收获的多。

有时候，通过细心观察，我们可以得到意想不到的收获，也可以为自己的成功找到一块垫脚石。故事当中的热心肠的垂钓高手就是因为通过观察周围的情况，才使得他获得了恭维别人的机会，也使得得别人给了他这个“授人以渔”的机会。

要想使自己的事业稳操胜券，就要学会寻找通向成功的道路。要想找到成功的机会，就得有超敏锐的洞察生活的能力，有时候，这种机会还需要自己去创造。那么，我们怎么样才能寻找到自己通往成功路上的那块垫脚石呢?

1.适时地恭维，才能获得对方的认可

在人与人正常的交往当中，有一种礼仪叫作恭维。恭维不是去拍别人的马屁，也不是与别人去套近乎，更不是去故意贿赂别人。生活告诉我们，在与人交往的时候需要恭维别人，而这种恭维只是适时地恭维。

一个人要是不去学着恭维别人，那他的生活交际圈子就会越来越小。只有学会了适时地恭维对方，对方才能对你有感觉，他才能注意到你的存在。例如，前面故事当中的那位性格孤僻者，他没有去恭维游客，而游客也不会和他套近乎，甚至都没有察觉到还有这样一位垂钓高手的存在。所以，要学会恭维别人，只有先发制人，适时地恭维对方，你才可以得到对方的欣赏和帮助。

2.满足对方就是满足了自己

“给你五个苹果，你一个人吃了只有一种口福；当你把这五个苹果分给五个人吃的时候，你就会得到五种口福，甚至是得到五位朋友。”生活的确如此，当只有你一个人满足的时候，你就会觉得孤独；当你满足了别人时，你自己的心里首先就获得了一种满足，这样你也就心满意足了。

给别人一个苹果，显示了自己的热心和大度，还得到了别人的认可。这样做，我们既在心理上获得了满足，又在现实中获得了朋友之心，这本身不就是一种满足吗?

3.有付出就有回报

在我们的生活当中，“礼下于人必有所图”的现象常有之；而还有一种与之对应的现象，那就是“不求回报，只图付出”。一个道德高尚的人，无论在何时，首先想到的总是别人。“雷锋”的付出是不需要回报的，但事实上现实还是回报了他。

也就是说，只要有付出就会有回报。当你恭维了别人，满足了对方的一个需求，哪怕只是满足了对方的一点虚荣心，你给他的印象总是好的，他就觉得欠了你一个人情，便会始终找机会还给你这个人情，那时候你也就自然而然地得到了回报。而当你有求于人的时候，你要是不去恭维他，他就会觉得你这个人比较高傲，看不起他对你的帮助，他也就很难痛快地帮你做事。

试着去恭维别人，先发制人，满足他的那点虚荣心，为自己通往成功的路上多寻找几块垫脚石吧！

第八章

巧言妙语，让矛盾顺利化解

适时故意曲解，让尴尬变和谐

在现实生活中，过于严肃和枯燥的东西往往不易为人所接受，所以人们会想方设法地把它变得灵活些、有趣些。人们把这种方法叫作“打圆场”。其实在交际场合中也是一样，当某个较为严肃、敏感的问题搞得双方都很尴尬时，我们同样可以通过一些适当的语言技巧给自己打圆场，从而轻松化解尴尬，使交际活动得以顺利推进。

有一次，一位著名演员及其丈夫举办敬老宴会，请文化艺术界许多著名前辈参加。有一位90多岁的老画家由他的看护陪同前来。老人坐下后，就拉着一个年轻女演员的手目不转睛地看。过了一会儿，老人的看护用略带责备的口气对老人说：“你总看别人做什么？”老人不高兴了，说：“我这么大年纪了，为什么不能看她？她生得好看。”老人这么一说，女演员顿时脸红了，这也弄得大家很尴尬。此时这位演员笑着对老人说：“您看吧，我是演员，不怕人看。”大家听了都哈哈大笑，尴尬的气氛也一下子被化解了。

生活中发生的一些猝不及防的意外事件，往往会让当事者遭遇不必要的尴尬。这时，如果利用突发事件及事物与语言间的关系机智巧妙地给自己打圆场，不但可以让自己轻松摆脱尴尬，还会让气氛变得更加热络。那么，当我们遇到尴尬时，该如何为自己打圆场呢？

第一，如果因某个较为严肃、敏感的问题让自己陷入尴尬境地，我们可以通过幽默的解说来给自己打圆场，从而把原来闹得很僵的局面搞活，让交谈顺利进行。

第二，人际交往中，当因自己的一个不合理的举动而使自己陷入尴尬局面时，最为行之有效的打圆场方法莫过于找一个视角或借口，以合情合理的依据来证明自己的举动在此时是正当的、无可厚非的。这样一来，个人的尴尬解除了，正常的局面也得以继续下去了。

在交际活动中，尴尬往往是交际的双方或局外人由于彼此不甚了解，进而做出一些让对方迷惑不解的举动所引起的。因此，我们可以采用故意曲解的策略，假装不明白尴尬举动的真实含义，而给出有利于局势好转的理解，进而一步步将局面朝有利的方向引导过去。

不妨用模糊语言回答

在现实生活中，有很多的事情会在没有思想准备的情况下发生，也有很多的问题会让我们感到左右为难。在这种情况下，如果选择沉默或者拒绝，不免会给交际双方带来不好的影响，也会让自己在别人心中的印象大打折扣。在这种时候，我们不妨用模糊的语言来作出回答。

模糊的语言是一种重要的交际手段，同时也体现了一个人随机应变的能力。在一些不必要或者不可能把话讲得过于清楚的情况下，完全可以运用这种表达方式。如此一来，既避免了紧张的气氛，又让自己得以解脱，同时还不会给别人带来负面的心理影响。

在社交场合游刃有余的人，都懂得“模糊语言”的正确运用。模糊的语言能够用恰当的方式、微妙的语言，对别人的问话或者请求作出有余地的回答，既不会因为生硬的拒绝给对方带来不快，又能够保全双方的面子，从而避免后顾之忧，又能够避免事与愿违的尴尬和承担后续的责任。

有一艘豪华客轮在即将到达旅游点的时候突然停了下来，原来是客轮的驾驶室里出现了一些问题。游客们在经过几十分钟的等待之后，终于忍不住内心的不满和焦躁，纷纷把矛头指向了导游，质问事先为什么对客轮作检查，追问客轮什么时候才能重新起航。面对情绪激动失去理智的人们，导游却是镇定自若，脸上一直带着微笑，心平气和地向大家解释：“请大家不要着急，客轮并没有什么大问题，只是出现了一点小毛病而已。技术人员正在作检查，一会儿就修好了。为了大家的安全，请大家耐心地等一会儿，不要走远，更不要站在危险的地方，马上就要起航了。”导游不断地重复着这些话，游客们的心情也慢慢平静了下来。

导游在回答旅客的质问时，用了一连串的“一会儿”“马上”等词语，既避免了游客的情绪再度波动，又因为没有给出确切的答案而给自己留下了余地。他在安慰声中并没有给予确切的时间承诺，却用一连串的模糊语言让游客们安静地等待了一个多小时。如果导游为了安抚游客，盲目地讲“15分钟之后就可以启航了”，15分钟之后客轮依然停留在原地，则很可能激起游客的怒火。之后，将自己逼往绝境的导游再作出任何的解释都是没有用的，反而会加重游客们的怨气和怒气。

模糊的语言可以作为一种缓兵之计，当别人问你一些没办法回答的问题的时候，如果委婉拒绝不能起作用，你就应该用一些模糊的语言来搪塞一下，这样既可以让自己从麻烦中摆脱出来，又能够不伤及对方的面子。一个聪明的人，在敏感话题上从来不言之凿凿，也不会生硬拒绝，而是懂得用一些模糊的语言来保全双方的面子，从而既为自己留一条后路，也避免一些不必要的纠纷。

模糊语言的表达形式是多种多样的，如闪烁其词、答非所问、避重就轻等，归根结底就是不要把话说得太死，给自己的语言留有余地，也在给对方留足颜面的同时使其对以后的交往存有更大的兴趣。

在现实生活中，有很多的敏感性话题让我们无法做到开诚布公地回答，或是因为考虑到双方的颜面而不愿意作出生硬的拒绝，这种情况下，我们就要在说话中讲究一些策略，用模糊的语言回答别人无心或存心的话题，做到既有力度又不伤人，这样的谈话方式能让你的口才能力上升到一个新的台阶。

现实生活中，有很多的问题需要用模糊的语言来回答。当别人问你“月薪是多少”的时候，你不妨说“聊以糊口罢了”。如果有人问你是怎样结识一个大人物的，你不妨说：“这是个很复杂的过程，等以后有时间了，我再详细地告诉你。”当别人打听到你父亲的朋友就是你所在公司的领导时，故意问你“你在这家公司应该不错吧”，你可以说“全托您的福”等。这样的回答既显示出了你的热情，又能巧妙地躲避掉那些不愿意回答的问题。

模糊的语言是日常生活中随机应变的一种重要的方法，常常用于一些不必要或不可能把话说得太死的情况。这个时候，我们就可以巧妙地运用这些模糊的词语，但要避免给人一种圆滑的印象。切记：在你不确定的时候，就不要说大话。

通过转移话题打破僵局

在谈判过程中，针锋相对的尴尬局面随时都有可能发生，任何话题都有可能形成分歧与对立。从表面上看，僵局的产生往往是防不胜防的，但其实，真正令谈判陷入危机的是由于双方感到在多方面谈判中期望相差甚远。对此，谈判专家总结说：“许多谈判的僵局和破裂是由于细微的事情引起的，比如，谈判双方性格的差异、怕丢面子，以及个人的权力限制等。”有时谈判的一方会故意制造僵局，他们有意给对方出难题，搅乱视听，甚至引发争吵，以迫使对方放弃其谈判目标而向自己的目标靠近；有时则是双方对某一问题各持自己的看法和主张，产生了意见分歧，而双方越是坚持各自的立场，双方之间的分歧就越大。当然，不管是何种原因导致的僵局，作为谈判的一方，我们应该及时缓解局面，以灵巧的策略缓和场面，巧妙转移话题，打破僵局，促进谈判的顺利进行。

在谈判中，双方为一个话题争论不休，甲方说："我希望贵公司能对我们所提出的要求予以答复，否则我们之间没什么好谈的。"乙方代表则无奈地表示："关于这个问题，我已经说过很多次了，确实没办法达到你们所提出的要求，以我们公司的规模来说，真的是难以办到。我只希望你们能降低一些要求，这样我们双方之间也能达成一个协议。"听了乙方代表的回答，甲方代表摇摇头，说道："对于这些条件是没有任何商量余地的。"说完，就打算起身离开了。

这时乙方代表中的一位先生开口说道："大家都说了一个上午了，恐怕肚子早饿了吧！我早就听说这家酒楼有几道招牌菜，还没尝过呢。要不，咱们先吃饭，吃过饭再说这个问题。"乙方代表这样一说，甲方代表也觉得自己饿了，于是点点头，双方坐了下来，开始聊起了各地方的名菜。

眼见对方要起身离开，僵局已然形成，若是再不想办法进行挽救，那本次谈判就将宣告失败了。这时乙方代表中那位灵活多变的先生及时地转移了话题，让大家把注意力都放在了吃饭这个问题上，而僵持的场面也得到了缓和。

1.灵活转移话题

当僵局已经形成时，不妨短暂地结束这个话题，比如，"关于这件事，正如××先生所言，的确非常有道理，但是暂且先谈刚才那个提案”，“正如你所言，这是非常重要的问题，所以稍后调查再作报告，在这之前先说说这个问题”，“这些宝贵的意见暂且先搁置，我们不妨换个角度看看”。

2.先声夺人

在对方完全摊开话题之前，你就先换个话题，然后立即说起来，并不时地向对方征求意见，让他发表高见，向他讨教解决问题的方法，自己则保持诚恳的态度。这样就让对方没有了喘息的机会以及再提原来话题的时间。

在谈判过程中，有些时候，由于双方对所谈问题的利益要求差距比较大，而彼此又不肯作出让步，导致双方因暂时不可调和的矛盾而形成了针锋相对的局面。谈判桌上之所以出现这样的局面，其原因是双方的观点、立场的交锋是持续不断的，当利益冲突变得不可调和的时候，僵局便出现了。当僵局出现后，如果不进行及时的处理，就会对接下来的谈判产生不利的影响。当然，谈判过程中出现针锋相对的局面，并不等于谈判的破裂，不过它还是会严重影响到谈判的进程，在这时，我们需要灵巧地转移话题，突破僵局，等到气氛融洽之后再重新回到谈判桌上来。

任何时候保持清醒和理智

什么是恶意顶撞？恶意顶撞通常用来形容晚辈对长辈，或者下级对上级。通常情况下，礼节要求晚辈对长辈应该尊重，下级对上级应该尊重。然而，生活总是变化无常，而情势也总在短时间内产生巨大的变化，所以，在一些特殊情况下，晚辈会顶撞长辈，下级会顶撞上级。这种顶撞往往是有意为之，也因为给对方造成很大的伤害，而被称为恶意顶撞。

假如你是上级，面对下级的恶意顶撞，你是忍气吞声，佯装没有这回事，还是马上火冒三丈，甚至将其当场开除？即使是脾气再好的人，也有被气愤冲昏头脑的时候。实际情况是，假如在别人恶意顶撞时你不假思索地奋起反击、以牙还牙，那么一定会降低你的身份。即便是要表现出自己威严的一面，也没有必要以同样的态度与行为回应恶意顶撞。例如，我们完全可以在被下属恶意顶撞之后波澜不惊，然后再想办法教会下属规矩。需要注意的是，有些下属的恶意顶撞是挑衅，一定是有用意的。职场如战场，上下级关系也难以避免地会在短时间内发生戏剧性的变化。这就使得情况更加复杂，我们尤其要留心他人的恶意顶撞。当然，当恶意顶撞发生在晚辈与长辈之间时，情况就简单多了。通常情况下，晚辈会尊重长辈，并且对长辈表现出顺从；然而，当双方因为某个问题发生尖锐冲突时，恶意顶撞也就在所难免。一般情况下，晚辈对长辈的恶意顶撞，心机的成分很少，大多数是情绪激动所致。既然如此，假如长辈也跟着晚辈一起情绪激动，则一定会将矛盾推向不可调和的境地。唯有保持淡定冷静，长辈才会更加具有威严，更容易在理智之中寻找到解决问题的办法。总而言之，不管是在职场上，还是在生活中，也不管是上下级之间，还是师生、父子之间，当遭遇以下犯上的情况时，千万不要急着发飙。要知道，愤怒一定会使人智商降低，使原本能够得以妥善解决的事情朝着相反方向发展。既然如此，何不保持清醒和理智呢！

晓君进入公司六年了，靠着勤奋努力才做到今天的职位。她是部门主管，负责管理部门里二十多名下属。不过，近来晓君很苦恼。当年和她一起进入公司的同事思彤，如今就像是到了职业发展的疲惫期，不管做什么事情都提不起兴致来。由于晓君的团队是负责销售的，因此思彤这样的言行严重影响到了其他同事工作的积极性。为此，晓君非常郑重地和思彤谈了一次。不承想，这几年来业绩始终出类拔萃的思彤根本不把晓君放在眼里，她甚至不以为然地对晓君说："得了，你也就在那些新兵蛋子面前装装大尾巴狼，在我面前就别装了。记得么，我成为公司销冠的时候你还没开单呢！"面对如此的挑衅，晓君勉强忍了下来。

周一例会，除了思彤，大家都按时到达。直到例会进行到一半，思彤才姗姗来迟，连句道歉的话都没有。晓君不由得生气了，当着全部门人的面说："从现在开始，凡有未经请假就擅自迟到者，一律按照旷工处理。"刚刚落座的思彤噌地站起来，气呼呼地说："晓君，我给你留面子，你可别自找难看。"晓君不卑不亢地说："思彤，虽然你是和我一起进公司的，对于你如今成为我的下属，我也很遗憾，但是公司领导总不会无缘无故地提拔一个人，你也该想想你有几个月没有业绩了。既然你选择留在我所带领的团队，就必须遵守团队的规则。”思彤气得离席而去，晓君丝毫没有发脾气，而是心平气和地对大家说：“在座的，除了我，没有人的资历比思彤更老。但是，工作就是工作，团队就是团队。我们每个人，都必须放弃小我，融入团队，这样才能获得长远的发展。我希望大家以思彤为鉴。”晓君按原计划开完会议，会后，她找到总经理，申请辞退思彤。听晓君叙述完理由后，总经理经过一番考量，同意晓君辞退思彤。在接到辞退通知的那一刻，思彤无论如何也想不明白自己为什么会被辞退。

一直以为晓君不敢对自己轻举妄动的思彤，在这次事件之后，一定不会再随意地恶意顶撞上司。职场就是职场，有着严格的管理制度。作为领导，虽然晓君知道思彤的业绩一直不错，但是当她的存在对整个团队都起到负面作用，而且威胁到团队管理者时，晓君只能权衡利弊，壮士断腕。归根结底，一切都要服从于大局，都要服从于利益。

朋友们，你们在生活中是否也曾有过冲动，要与上司对着干呢？或者，你们作为上司，也曾经被下属恶意顶撞过。作为一名管理者，你要想管理卓有成效，最重要的就是提高自己的威信。当然，歇斯底里地发狂绝不应是领导者所为。真正的大将风范，就是临危不乱，即使面对下属的无理取闹，也依然能够淡定从容，做好自己该做的事情。

三言两语，化解尴尬气氛

在日常交际中，人们常常因固执己见而争论不休，因为一句不适当的话而冷场，或者因为突发状况而形成难堪情境，这种种原因都会造成僵持的局面，当难以缓和的气氛横亘在交流双方之间，整个场面就如同冰山一般冷掉了。这时候，作为当事人或者局外人，我们需要适时地说几句话来打破僵局，化解尴尬的气氛，使交流得以正常地进行下去。

其实，生活中难免发生一些猝不及防的意外事情，这会让当事人遭遇尴尬或不快，甚至引发不必要的麻烦，轻则令人恼心，重则在心里结下疙瘩。

有一次，小娜和几个同事一起去参加省里的业务考试，当她们走进考场时，只见阿梅的桌子上钉有三颗大钉子，且凸出很高。不难想象，这不仅会刚衣服，同时也会影响答题的速度。阿梅一脸怒气地要求监考老师换桌子，可监考老师说："现在不能换，别违反考场纪律！"阿梅气得柳眉倒竖，连说："真倒霉，不考了。"小娜见了连忙说："有几颗钉子算什么！"阿梅说："你说得轻松，这可是三颗钉子，躲都躲不过去呢！"小娜说："你太幸运了，我还求之不得呢！"阿梅说："你别拿我开心了，这么倒霉的事要让你碰上，你还能说幸运？"小娜说："你知道这三颗钉子说明了什么吗？这叫板上钉钉！说明你今天的三科考试铁定都能过关。"阿梅听后马上转怒为喜："借你吉言，我要是三科都及格了就请你吃饭。"一个月后发布成绩，阿梅果然三科都顺利过关。

本来桌子上有三颗大钉子是令人生气的，更何况还需要坐在这里考试？这时候，小娜为了打破僵局，在阿梅愤怒不已的时候，将“板上钉钉”的俗语与考试联系了起来，积极地联想，冒出吉言“三科铁定都能过关”，这话正好说到了阿梅的心里。于是，僵化的气氛化解了，阿梅也在小娜的吉言下获得了好成绩。

在日常交际中，如何利用三言两语缓和气氛呢?

1.幽默解说

在交际场合，过于严肃和枯燥的气氛往往不被人们所接受，这时候就需要用幽默的语言把它变得灵活些、有趣些。有时候，一个敏感的问题就使整个场面僵掉了，甚至妨碍了正常交际的进行，这时就可以通过幽默的解说将问题诙谐化，缓和气氛，使交际得以顺利进行。

2.强调问题的合理性

有时候，对方可能是因为在特定的场合做出了不合时宜、不合情理的举动，令旁人看起来很费解，导致了整个局面的僵持。这时候，我们就需要找一个角度或借口，强调对方行为的合理性，从而打破僵局，缓解气氛。

3.利用谐音巧解

有一个货车司机的车牌号码是“16444”，亲戚朋友都说这个数字不吉利，车主一下子无言以对，这时候有人却说，“师傅，你这个号码好，它们可以理解为‘多拉发发发’，只要你多拉货，就一定能发财”，利用谐音巧解，缓和了尴尬的气氛。

4.逆向思维

面对突如其来的尴尬局面，当事人无可奈何的时候，我们可以跳出固定思维，从问题的反面去思考，作出让双方都满意的解释，打破本来僵持的局面。

当交际氛围变得尴尬或凝重时，如果利用突发事件与语言之间的玄妙之处进行机智的解答，就会使当事人转忧为喜，也会令整个紧张气氛得以缓解，使得峰回路转：只要掌握了技巧，我们只需要三言两句就可打破僵局，通过语言影响他人心理，为大家营造愉快的气氛。

第九章

灵巧机智，把话说到点子上

说点柔软的话，赢得对方的认同

老子有一次在讲学时问他的学生，是小草强大还是大树强大，学生说大树强大。老子又问，那大风来了是小草先倒还是大树先倒，学生说大树先倒。老子问是牙齿坚硬还是舌头坚硬，学生说牙齿比较坚硬。老子说：满齿不存，舌头犹在。这句话阐述了“以柔克刚”的深刻道理。在辩论中，能够快速影响对方心理的不是直接的方法，而是迂回曲折的方法。如果双方以硬碰硬，唇枪舌剑，只会两败俱伤，而且难以驳倒对方。这时，不妨运用语言的“太极术”，以柔克刚，以达到自己的目的。强硬的语言说得再多，也只能让辩论越来越激烈，而并不能获得一个正确的结果。既然这样的说话方式并不能发挥出作用，那不妨说点柔软的话，试图与对方一致得出一个正确的结论。

亚伯拉罕·林肯出身于一个鞋匠家庭，而当时的美国社会非常看重门第。林肯竞选总统前夕，在参议院演说时，遭到了一个参议员的羞辱。那位参议员说：“林肯先生，在你开始演讲之前，我希望你记住你是一个鞋匠的儿子。”林肯看看他，没有表现出愤怒的样子，而是深沉地说：“我非常感谢你使我想起我的父亲，他已经过世了，我一定会永远记住你的忠告，我知道我做总统无法像我父亲做鞋匠做得那么好。”

听了林肯这一席话，参议院陷入了沉默，林肯又转头对那个傲慢的参议员说：“据我所知，我的父亲以前也为你的家人做过鞋子，如果你的鞋子不合脚，我可以帮你改正它。虽然我不是伟大的鞋匠，但我从小就跟随父亲学到了做鞋子的技术。”然后，他又对所有的参议员说：“对参议院的任何人都一样，如果你们穿的那双鞋是我父亲做的，而它们需要修理或改善，我一定尽可能帮忙。但是有一件事是可以肯定的，我无法像他那么伟大，他的手艺是无人能比的。”说到这里，林肯流下了眼泪，所有的嘲笑都化成了真诚的掌声。后来，林肯如愿以偿地当上了美国总统。

在这个案例中，林肯那番对父亲表达情感的言语使他赢得了所有参议员的尊重；而在关键时刻流下的眼泪，让他赢得了成功。如果林肯强硬地反击对方，那估计现场又是另一番景象，人们除了看到两人争论得面红耳赤以外，其余的什么都看不到，包括林肯的能力与才气。

那么，我们要怎样以柔克刚呢？

1.声调恳切

柔和的言语还需要恳切的声调，这样才更容易打动对方。比如，“天气这么热，我花大价钱办一笔赔本的买卖，我也担不起这个责任，还希望你能够高抬贵手”，这样柔和的表达，对方很难拒绝。

2.适当示弱

在交流的过程中，我们需要以柔软的话语来克制对方刚硬的态度，以达到自己的目的。俗话说：“软刀子更扎人。”这说的就是以话语来

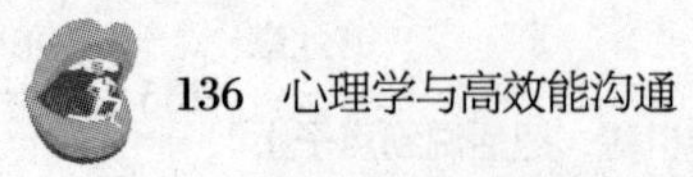

赚怜的说话技巧。

《墨子·贵义》中有："以其言非吾言者，是犹以卵投石也，尽天下之卵，其石犹是也，不可毁也。"在交流中，最忌讳的就是激烈地争论却毫无结果。如果每个人都以强硬的语言来表达自己的观点，那估计战争的硝烟会弥漫于整个交流中，这样非但不能得出一个统一的正确的观点，反而会让场面更激烈、更不可收拾。这时，我们需要以柔和的言语来消减对方锐不可当的气势，以达到说服对方的目的。

借题发挥，把错话说"圆"

"人有失足，马有失蹄。"在交际过程中，无论凡人名人，都免不了发生言语失误。虽然其中原因有别，但它造成的后果是相似的，或贻笑大方，或纠纷四起，有时甚至不堪收场。

经验不足的人碰到这种情况时，往往懊恼不已，心慌意乱，越发紧张，接下去的表现更为糟糕。如果我们能来个将错就错，借题发挥，把错话说"圆"，则可以轻松地摆脱窘境。言多语失时，最重要的就是镇定自若、处变不惊，飞速地转动大脑，思考弥补口误的方法。

在实际生活中，遇到失言的情况时，有四个补救的小技巧可供参考：

1.改义法

这种方法就是在错话出口之后，巧妙地将错话续接下去，最后达到纠错的目的。其高妙之处在于，能够不动声色地改变说话的情境，使听者不由自主地转移原先的思路，不自觉地顺着说话者的思维走，随着说话者的语言表达而产生情感波动。

在一次婚宴上，来宾争着向新人祝福。有一位女士激动地说道：“走过了恋爱的季节，就步入了婚姻的漫漫旅途，你们现在就好比是一对旧机车……”其实她本想说“新机车”，却一时口误，霎时举座哗然。这对新人的不满更是溢于言表，因为他们是各自离异、历尽波折才成眷属的，自然以为刚才之语隐含讥讽。那位女士发觉言语出错，连忙住口。她的本来意思是要将一对新人比作新机车，希望他们能够少些摩擦、多些谅解。但语既出口，若硬改过来，反而不美。她马上镇定下来，不慌不忙地补充了一句：“你们现在就好比是一对旧机车装上了新的发动机。”此言一出，举座称妙。继而，她又深情地说道：“愿你们以甜美的爱情为润滑油，开足马力，朝着幸福美满的生活飞奔吧！”餐厅里顿时掌声雷动。

2.引申法

迅速将错误言辞引开，避免在错中纠缠。比如，可以接着那句口误之后说：“我刚才那句话还应作如下补充……”然后根据当时的情境，作出相应的发挥，这样就可将错话抹掉。

一次，上海东方电视台著名节目主持人袁鸣应邀到海口市主持“狮子楼京剧团”建团庆典。由于去得匆忙，一上场，袁鸣就闹了个口误：“现在我荣幸地向大家介绍光临狮子楼京剧建团庆典的各位来宾……今天参加庆典的有……海南师范学院党委书记南新燕小姐。”这时，台下缓缓站起一位白发苍苍的老教授！咦，小姐变成了老翁！全场沉寂之后是一片哄笑……

可袁鸣自有妙招：“对不起，我这是望文生义了——不过，南教授的名字实在是太有诗意了。一见到南新燕三个字，我立刻想起两句诗：‘旧时王谢堂前燕，飞入寻常百姓家。’这南飞的新燕是一幅多么美丽的图画！就像我们今天的情景：京剧一度是清末的宫廷艺术，是流行于我国北方的戏曲，但是现在已经从北方流传到南方，跨过琼州海峡，飞到海南……这又是一幅多么美妙的图画啊……”

话一说完，顿时掌声、欢呼声四起。

袁鸣“口误”引起哄笑，当然要先道歉；但他道歉之后并没有“服输”，而是顺便立意，快速完成了新的命题构思——浓墨重彩地描绘了两幅画面：一是古诗之画，意在赞美老教授名字寓有诗意；一是现实之画，扣住京剧历史的话题，紧密联系“狮子楼京剧剧团”的成立庆典的现场语境，天衣无缝，显示了一个主持人临场发挥的功力。

3.移植法

就是把错话移植到他人头上。如说：“这是某些人的观点，我认为正确的说法应该是……”这样就把自己已出口的某句错误纠正过来了。对方虽有某种感觉，但无法认定是你说错了。

赵峰是上海人，就读于复旦大学，本科毕业直升读硕士，硕士毕业以后找到了一个很不错的工作。一次，赵峰和小刘一起去吃饭，席间说到上海的交通问题，在上海土生土长的赵峰顺口发表评论："上海这几年交通恶化实在是因为外地来的大学生太多，都说应该严格限制户口制度，二三流大学的家伙就不要再给他们机会了。"说完之后，他立刻意识到，小刘本人就是二流学校毕业、从四川到上海来发展的，于是他连忙补救道："当然，这是少数人的说法，这种说法太片面了，任何学校都有优秀的毕业生，而上海市的建设与发展，也离不开在上海的各地人的共同努力。"

4.转移法

巧妙地转移话题和分散别人的注意力。说错话后，要学会巧妙地转移话题，化解尴尬场面。比如，用幽默或玩笑的方式转移目标，把紧张的话题变成轻松的玩笑等；也可以巧妙地运用"挪移"手法，把别人的注意力吸引到其他方面。

一位老师普通话不过关，有一次上语文课，讲到某一问题要举例说明时，把"我有四个比方"说成了"我有四个屁放"，一时教室里像炸开了锅，学生笑得不可收拾。老师灵机一动，吟出一首打油诗："四个屁放，大出洋相，各位同学，莫学我样，早日练好普通话，年轻潇洒又漂亮。"老师的机智幽默赢得了学生的热烈掌声。

这位老师四两拨千斤，一首打油诗，就把自己的口误变成了对同学的激励，同学们在反思之余，自然不会再把"四个屁放"当乐子了。

在社交中，发生口误在所难免，此时，不管你是一味发窘还是拼命掩饰，都会使事情更为糟糕。这时候要稳住心神，以上面四个小技巧为基点，积极寻找适当的补救方法。其关键在于一个人的应变能力，应变能力反映一个人的机智和修养。当然，应变能力是以人生经验为基础的，只有多次实践，并总结经验，才能变得聪明老练。

用机智的语言去反驳对方

在生活中，我们难免要遇到一些没有礼貌、出言不逊的人。尽管每个出言不逊的人都有着不同的性格特征，说出来的话也有着不同的地方，但是他们也有一个共同的地方，就是自高自大、自以为是。大凡自高自大、自以为是者，都属于感性动物，并没有多少的知识沉淀和理性思维，这就要求我们在面对出言不逊者的时候不能因为对方几句刺耳的话就失去理智，被无尽的愤怒包围着。在这种情况下，我们应该保持清醒的头脑，用巧妙的语言对出言不逊的人作出应对，做到既维护自己的尊严，又顺利实现个人的目的。

我们每一个人从事着不同的职业，不同的职业决定了要面对不同的人群，在工作中，每个人都难免会遇到种种出言不逊者，在这个时候，就要开动脑筋，用智慧的语言去进行有力的反驳。我们在反驳别人的过程中要注意从对方的语言中寻找漏洞，借助对方的话或者是理论，将对方荒谬的观点批驳得没有立足之地。

明朝嘉靖年间，海瑞在浙江省淳安县做县令。有一次，浙江总督胡宗宪的儿子来到了淳安驿站，因为嫌饭菜不好，就把接待的官员给痛打了一顿。

海瑞得知消息之后，下令将胡公子抓进县衙。胡公子仗着自己的老子是浙江总督，根本不把这位小小的七品县令放在眼里。他来到县衙，态度十分蛮横，指着海瑞的鼻子骂道："你一个小小的县令能把我怎么样？我的父亲是胡宗宪总督，只要他老人家一声令下，别说你乌纱不保，恐怕连小命也没有了。"

胡公子说完就用挑衅的眼光看着海瑞。他原以为海瑞听到这句话之后就能乖乖地把他放了，但是没有想到海瑞并不买账。海瑞狠狠地敲了一下惊堂木，用非常气愤的语气说："你简直是在信口雌黄！总督胡宗宪大人一向勤政爱民，教子有方，怎么可能生出你这种大逆不道的儿子来？我看，你不过是个泼皮无赖罢了，假冒胡公子之名招摇撞骗，作恶多端！来人呐，把他拉出去，重责四十大板！"

衙役们听到海瑞发话，二话不说就把胡公子一帮人拖出去狠狠地打了一顿。海瑞又让人打开了这个恶少带来的几十个箱子，发现里面有很多金银财宝。海瑞勃然大怒，骂道："这个恶徒真是胆大包天，竟敢冒充总督之子行骗勒索，败坏总督大人的清名。这种败坏我大明官员名声的狂徒，一定要狠狠地责罚！把他拖出去，再给我打上四十大板！"说完，海瑞不顾那个恶少的百般求饶，就派人将他拖出去又狠狠地打了一顿，最后还把他敲诈勒索来的银子一律充公。

处理完这件事情之后，海瑞就给胡宗宪写了一封信。信上说，他查出了一名冒充胡公子的狂徒，并且收缴了大量的赃物证据，维护了总督大人在老百姓心中的形象，至于那名狂徒该如何处置，还请总督大人示下。胡宗宪看了信之后，又急又气还无可奈何，只好一面表彰海瑞的秉公执法，一面要求将那个“冒充”自己儿子的家伙送到总督衙门来，由自己亲自处理。

面对出言不逊的胡公子，海瑞没有胆怯，更没有为了维护正义而冲动。他从胡公子的话语中寻找到了破绽，拒不承认他是胡宗宪的儿子，不仅维护了正义，也没有给胡宗宪留下什么把柄，做到了一箭双雕。

我们在生活中经常会遇到一些这样的现象，明明知道出言不逊的人观点是错误的，却不知道如何去反驳它，最终令自己陷入尴尬的境地。既然如此，我们不妨让自己冷静下来，用机智的语言去反驳对方，这样往往能够达到四两拨千斤的效果。因此，我们面对一个出言不逊大放厥词的人时，万万不能因为愤怒或者是恐惧而失去了理智，意气用事，一定要保持镇静，善于抓住对方话语中的漏洞去进行有力的反驳，做到维护个人人格的尊严和行动的尊严。

耍点“小花招”，打破僵局

在生活中，经常会有一些不合理、双方意见分歧比较大的问题让我们陷入僵局，无法作出正面的回答，在这个时候，我们不妨用巧妙回避、转移话题、似是而非地回答等形式来耍一些小花招，以摆脱僵局。

美国前总统克林顿因为与莱温斯基的“桃色事件”而遭到记者的围攻。有一次，一个记者直言不讳地问道：“总统先生，最近有很多关于您和莱温斯基小姐的报道，请问，您对这些绯闻如何评价？”在大庭广众之下遭遇这样尴尬的问题，让克林顿感到很为难，但是聪明的总统先生并没有被这尖锐的问题吓到，而是从容不迫地回答说：“取笑我的话已经被世人说尽了，再也没有人能够说出新鲜的话题了。”他的回答既尖锐又有力，更显得十分淡定，开玩笑的口吻中又带着反攻，一下子把记者挤进了墙角，无法再进行接下来的非难，从而让自己很轻松地从僵局之中解脱出来。

面对不同的交际对象，我们不可能用一个单一固定的模式去回答问题；面对种种意想不到的问题，我们不可能每一个人都做到面面俱到地应对。生活中，经常会有一些僵局的出现，但正是这些僵局的存在，才见证了一个人口才的高低、应对能力的优劣。为了让自己在僵局之中轻松地抽身而出，我们不妨用语言来耍一些小花招，以打破僵局，获得交际场合中的和光同尘、一团和气。所谓的“小花招”绝不是我们想象中的耍滑头和阴险狡诈，而是一种深谙因人而异、随机应变的必备机巧。一个人在关键的时刻会耍小花招，才能够把事情处理得圆满得体。

庞先生是山西人，长期在内蒙古做羊毛生意。多年的时间里，一些做畜牧产品的收购站成了他最主要的货源供给地。一直以来，大家合作愉快。

庞先生在今年有一次到内蒙古联系货源，一家当地的大公司派人来和他谈生意。代表人员向庞先生表示，他们能够为庞先生提供足够的货源，价格和质量都有一定的保证。他们希望庞先生放弃和那些小收购站的合作，两家进行强强联合，这样的话就可以控制当地的羊毛价格，让双方都能有比较大的利润可赚。

从表面上看，这是一个十分划算的事情。不过庞先生心里清楚，获得高额利润只是暂时的，如果中断了和小收购站的联系，就会遭到老客户的唾骂，这个多年经营的根据地就会在别人的辱骂声中失去，他以后就很难在这个地面上继续发展下去。

但是，如果不答应，毕竟对方是一家大公司，在当地也有着举足轻重的影响，断然拒绝也会给自己带来一些负面的影响。

考虑良久，庞先生对对方的代表说："贵公司能够开出这么好的条件，对于我来说是求之不得的。我非常感谢贵公司的信任，也从心里愿意和贵公司进行精诚合作。但是，我们应该将心比心一下，这里有很多的老客户都是指望我的收购来吃饭的，假如和他们断绝了生意往来，无异于打破他们的饭碗，万一弄出一点儿事来，恐怕对我们双方都未必有利。"之后，他又推心置腹地说："我早就渴望与贵公司进行合作，但是眼下似乎有些不妥。容我一些时间，等我们在各方面筹划出一个比较妥当的办法出来，只要是那些收购站不闹事，我就一定按照你们的计划，只跟贵方进行合作。至于额外的利益，全部归贵公司所有。"

对方代表也是一个老于世故的人，知道庞先生说"找到妥当办法就合作”是在耍滑头，毕竟没有几年工夫是不可能想出妥当的办法来的。至于那些“只跟贵方进行合作”等，只不过是一个美丽的说辞罢了，并没有任何实质性的意义。不过，庞先生的“耍花招”至少说明他还是把这家公司放在眼里的，他的言语之中也带有一丝恭敬。尽管生意没谈成，但是他至少给了这家公司足够的尊重，因此这位代表也就不好再说什么，只能站起来和庞先生握了握手，准备告别，并说：“庞先生是一个深明事理的人，在下感到佩服。这次前来，总算是不虚此行。”

千变万化的生活中，什么样的问题都会遇到，什么样的僵局都会随时出现，应对这些棘手的问题时，万万不可手足无措，自乱阵脚，而须运用一些正确的社交技巧去化解这些尴尬的僵局，让自己从狼狈和不快之中解脱出来。做到了这一点，才能称得上是一个合格的社交者。

抓住稍纵即逝的时机

王华英是一名大学的政治老师，所以有时候她的课堂上也会涉及一些时政热点。她的教学幽默风趣、讲解独到，常常使其他班的学生放弃上专业课，偷偷地来听她的政治课。

一次，王老师走进教室准备讲课时，却看到学生正在为昨晚的女排比赛议论纷纷。

面对这不在备课范畴的情况，王老师并没有命令学生们停止议论，而是兴致勃勃地加入了讨论，谈起了自己的感想。两三分钟后，当同学们都静下心来听老师独到的讲解时，她却巧妙地将话锋一转。

“中国女排的胜利为中国人争得了荣誉，它证明了中国人的伟大，但是中国在科学、经济等某些方面相对落后，被人瞧不起。我们也要有中国女排队的这种拼搏精神，在科学和经济建设方面都要努力迎头赶上欧美国家。因此，从现在开始，我们就得好好抓紧每一次的学习机会，认真学习每一堂课。”

王老师不愧为一名大学的政治老师，她凭借多年的教学经验顺水推舟，顺着学生们强烈的爱国热情一推，顺势就当前中国的实际情况进行讲解，再将学生们的热情与现实绑定在一起，不仅很快恢复了课堂教学秩序，还借中国女排的胜利激励学生努力学习，收到了很好的教学效果。

在交流中，时机不会随时随地等待我们去掌握，而往往是在我们不经意间出现的。所以我们要把握时机，不能让它从我们身边轻而易举地溜走。那么，面对稍纵即逝的时机，我们怎么样去把握它，又怎么样去利用它呢?

1.时机不是自己创造的

时机不同于机会，是可遇而不可求的。面对一件事情的时候，对于机会，我们经常这样说，不管有没有机会都要做，有机会就把握住每一次机会，没有机会我们就创造机会去做。比如，两个人谈恋爱，双方整天都忙于工作没有机会见面，于是就创造机会去约会见面。男方也许会寻找出去送一份文件的机会，去见一下女朋友。

然而，时机就像缘分一样，不是没有见面的机会，而是两个人的缘分没到。面对那种可遇而不可求的时机，我们能做的只能是等待。

2.瞬时把握时机，顺势才能解围

“机不可失，时不再来”，说的就是时机来临时我们一定要把握住，时机不可失去，一旦失去了便不再有了。时机的出现是瞬时性的，只有把握住了这样的瞬时时机，才能为我所用。就像案例当中的王老师眼前的大好时机一样，这样的时机可能就出现这一回。如果王老师不利用这次天赐的良机，而是运用命令式的语言进行表达，虽然也可达到使学生们停止议论、保持课堂安静的目的，但她很难让学生的思维从女排比赛中走出来，整个校园也就不会盈溢着对她的美誉了。

生活中那些瞬时出现的时机太多了，要看我们怎么把握，然后利用时机给自己解围，给自己铺垫下台或者是进一步升迁的台阶。只有在一瞬间把握了时机，才能顺势让这次时机为我所用。

第十章

三思而语，说话要有尺度

要给对方说话的机会

大家应该经常见到这样一个现象：聊天中，很多人特别能说，如果你想和他说话，你根本没有插话的机会，渐渐地你不再敢跟他攀谈，因为你还有很多事要做，一旦和他聊起来，你就无法走开。是啊，能说会道是本事，可是凡事都有一个度，如果你说得过多，那么引起的不会是别人的敬服，而只能是厌恶。

朋友们，如果我们同别人谈话时自己一个人滔滔不绝、没完没了，不给别人说话的机会，我们所得到的只能是对方的厌恶。所以，我们要想让对方喜欢自己，就要给对方说话的机会，而不能自己一个人说个不停。

阿娇是一家专卖暖手宝的销售代表，她的销售业绩一直不是很好。

一天，组长派她去一家经销商那里推销他们公司新推出的暖手宝。这家经销商是位大客户，老板姓林。阿娇心里想：我一定要抓住这个机会。

阿娇：“林老板，您好，我是××公司的业务员，大家都叫我阿娇。”

林老板：“嗯，请问您有什么事情？”

阿娇：“我们公司是专门生产暖手宝的，不久就是冬天了，如果您购进一批暖手宝，一定能够畅销的。”

林老板：“是的，快冬天了，确实是一个需求，可是……”

阿娇：“这一类暖手宝是我们公司新研发出来的，是通过国家质量认证机构认证的，质量非常有保障，使用安全，外形美观，非常值得拥有。”

林老板：“可是我们去年购进的那一批还没有卖完……”

阿娇：“先生，您的这几家超市生意都这么好，一定能卖完的。我简单说一下，我们的暖手宝种类非常多，有情侣款的，也有可爱款的，还有定制款的，不仅质量安全，而且外形美观，绝对受欢迎。林老板，要不，您还是先看一下图片？”

林老板：“嗯……”

阿娇：“您看一下……”

阿娇：“这是我拿过来的样品……我可以给您留一个样品。要不这样吧，我现在就给您示范一下，您可以看看我们暖手宝的保温效果和体验感觉如何。”

林老板：“咱这样吧……”

阿娇：“对了，我这里还有很多图片，有大家关注的内部安全结构保证材料，保证客户用着放心、舒心。您再看一看？我们公司一直致力于研发暖手宝……”

林老板：“你能不能听我说一句！”

阿娇：“林老板……”

林老板：“行了，行了，我这里不需要暖手宝，你可以回去了。”

向新客户推介产品时，还没弄清楚客户的需求就迫不及待地展开演说，会让客户在心理上产生反感。销售员不要一上来就慷慨陈词，应该通过各种方式了解客户的真正需求，然后有针对性地进行产品介绍。如果你一直不给对方说话的机会，你的销售工作肯定会以失败告终。

朋友们，什么是好口才，你真的知道吗？我们一定要记住，说得多并不是口才好。好的口才是指一口气说个没完没了吗？好口才是指无视他人感受，忘我地发表演讲吗？好口才是指对一件琐事说个七遍八遍吗？这些都不是，这些是惹人厌烦的啰唆、唠叨。如果你还以为好口才是说得多，还在喋喋不休，还在滔滔不绝，那你真的应该清醒一下了。

那么我们该如何使自己说的话更有效呢？

1.少说多听，用心听

话说多了，会显得夸夸其谈，油嘴滑舌。言多必失，祸从口出，这时最好的办法是学会静心倾听。注意听，给人的印象是谦虚好学，专心稳重，诚实可靠；认真听，能减少不成熟的评论，避免不必要的误解；善于听，让你拥有丰富的人脉资源。

2.简化你的行为举止

要成为魅力四射的交谈与聊天对象，并不一定非得去学习新花招、刻意表现精心设计过的行为举止或是强化你谈话的所有技能。成功的聊天也可以是化繁为简，你只要改掉聊天过程中一些比较令人讨厌的习惯，就能成为所有聚会中最受欢迎的人物。

3.培养自己分析问题的能力

要透过现象看本质，我们只有对一件事情了解透彻后，才能分清这件事情中什么是重要的、什么是不重要的、这件事的内核是什么，掌握了这些，我们再向别人表述时才知道要说什么、不要说什么。

的确，话多不如话少，话少不如话好。谨言慎行，乃君子之道。许多时候我们必须开口，但重要的是，要有足够的自律控制言行。语言应力求简洁明快，而即使是片刻的沉思，也会使我们头脑中的思路更加清晰，说出的话更准确、更有效。

谨言多听，少说为妙

俗话说："言多必失，多言必败。"聪明人都懂得谨言多听的妙处，一个看到什么就想说什么，想到什么就说什么的人，无论他多么富有才华，也算不上一个有智慧的人，口无遮拦便是他致命的弱点。有人讽刺那些喋喋不休的人像一艘漏水的船，每一个乘客都急着赶快逃离。

张强今年31岁了，俗话说"三十而立"，张强到了该成家的年纪，而他依然单身，所以张强的爸妈常常催促他。

爸妈托他们的熟人王阿姨给张强介绍了个对象，让他们在休息的时候见一次面。周六这天，张强收拾利索便出发了。到了约定的餐厅后，张强发现女孩已经到了，便不好意思地说："今天路上有点堵车，所以来迟了，对不起啊！”女孩很体谅地笑了笑，两人就算是正式见了面。

服务员为他们点完餐之后，张强便主动地介绍起自己的情况。张强说了自己的学历，工作情况，个人爱好，而女孩就一直微笑着倾听。张强说完以后，女孩慢慢地说：“我感觉你很优秀啊，那为什么到现在还是单身呢？”张强苦笑着说：“我也不知道啊，我感觉自己也没有什么明显的缺点，不知道为什么感情总是不顺利……”张强打开了话匣子，开始向女孩历数自己交往过的几个女朋友。每一个女朋友他都挑出了几个毛病，然后总结说是缘分不到，所以才没有碰上让自己满意的。女孩听着张强的诉说，只是淡淡地回应。吃完饭后，两个人礼貌地互道再见。

张强回到家时，爸妈问他感觉怎么样，张强皱着眉头说：“我对这个女孩感觉挺好的，比较合心意啊，可是一直都是我在说话，她基本不吭声，也没什么态度，我实在搞不明白她心里是怎么想的。”爸妈没办法，只能通过介绍人王阿姨探听一下女方的意思。第二天，介绍人王阿姨打来电话说：“其实，那个女孩对张强印象也挺好的，觉得他比较优秀。但是女孩觉得张强和她性格可能不太合适，她觉得张强太挑剔了，说了那么多，每个交往过的女孩子似乎都有不少毛病，像他这样很难找到满意的对象。”最后，王阿姨语重心长地说：“你们家张强啥都好，就是太能说了，有些口无遮拦，不该说的全说了，以后再谈对象一定要注意点儿啊！”

有时候说话切不可太直，不要以为你如实相告了别人就会以诚相待。要知道，这种无所顾忌、率性而为的行为很可能会伤害到对方。言辞委婉，尽量多考虑别人的感受，才是一种成熟的处世方法。

“失足尚可挽回，失言无法补救。”意思是，做错事情没有关系，亡羊补牢总有机会，但如果说错话就不一样了，说出去的话如同泼出去的水，是无法收回的。我们要避免失言给自己带来麻烦，就要做到不信口开河，避免“说者无意，听者有心”。

那么，在口无遮拦的问题上，我们该注意些什么呢?

1.学会委婉表达意思

不合时宜的言谈是会引起反感的，即便听起来很有道理。我们生活中很多不愉快的事多起源于口无遮拦，所以，学会委婉地表达自己的意思就显得尤为重要。如果你过于直接，总是夸夸其谈地诉说，那你就很容易说错话。

2.开玩笑要注意场合

大家在和人谈话的时候，适当地开一些玩笑可以让谈话气氛更加活跃，使双方之间的关系更加融洽，同时还能显示出说话人的幽默。但是如果开玩笑的时候不注意场合，往往就会造成适得其反的效果。不分场合的玩笑是没有笑点的，只会让人尴尬，甚至破坏气氛。

3.逢人只说三分话

俗话说：“逢人只说三分话，未可全抛一片心。”做人要懂得有所保留，有些无关紧要的话可以和别人分享，有些私密的东西则要自己藏好，不能轻易说出来，即便是对于最亲密的朋友、亲人、爱人，我们也应该保留有自己的私密空间，应该留有自己的秘密。

说话讲分寸，你需先注意几个前提：一是我们应该明白自己到底是谁，二是要看清对方是谁，三是要弄清楚自己想做什么。这三个前提把握好了，你才不会成为一个口无遮拦的人。把握说话的分寸，实际上就是把握交友的机遇，这样我们的人际圈之树才能更加茁壮。

学会闭嘴，替别人保守秘密

小雨有一个好朋友叫杨阳，两个人在同一家电子厂打工，关系非常好，几乎是无话不谈。小雨还没有结婚，但有了男朋友。一天，小雨发现自己怀孕了，不敢向外人说，想到杨阳是自己的好朋友，于是就对她说了，一再要求杨阳要为她保守秘密。

可是杨阳无意地对同事说出了这个秘密，导致所有同事都用异样的眼光看小雨，小雨没想到杨阳会出卖自己，恨得咬牙切齿，但是也没有办法，只好辞职走人。从此，她再也没有联系过杨阳。

在生活里，每个人都不可避免地会听到一些秘密。当听到或者获知秘密的时候，最好的选择就是闭上自己的嘴巴。因为替别人保守秘密是一种基本的道德。如果一个人连起码的道德都不具备，又怎么会受到别人的欢迎？记住，不为人保守秘密，你很快就会众叛亲离。

尼克是一家大型公司的技术部经理，能力很强，并且做事果断，有魄力，因此老板一直都很赏识他。有一天，一位来自美国的商人专门请他到酒吧喝酒。几杯酒喝下去之后，美国商人对尼克说："您能帮我个忙吗？"尼克有些奇怪，因为他们还不是很熟悉。但是尼克马上说："怎么了？"美国商人说："这段时间，我要和贵公司谈一个项目，我希望你能帮帮我，给我提供一份技术资料，这样对我的谈判会更有利。""你想什么呢？这是出卖公司机密！"尼克皱了皱眉头，显然这对他来说十分为难。美国商人压低了声音说："你放心，虽然冒险，但是这对你来说是个很值得抓住的机会。我给你20万美元作为回报，而且我一定帮你把秘密守住，不让你受任何牵连。"就这样，当美国商人把20万美元的支票递到尼克的面前时，尼克终于心动了。

谈判中，美国商人借助尼克的资料，一直处于主动地位。同时，尼克公司损失惨重。事后，公司经过不断的调查，终于发现是尼克泄露了机密，于是辞退了他。这时，尼克才追悔莫及，本来自己一片大好前途，却为了眼前的20万美元做出了无法弥补的错事，可谓一失足成千古恨。最终那20万美元也被公司追回，用作损失的赔偿。与此同时，业内有很多公司都知道了这件事，谁都不愿意再聘请尼克了。

在诱惑甚多的现代社会里，人们很容易因为一时不慎泄露秘密，因此，提高自己抵抗诱惑的能力、坚守自己的忠诚就更显得弥足珍贵。其实，你要明白，只要你忠于自己的老板，你最后得到的不仅是老板更多的信任，还有更多的收益。

朋友们，人都是有秘密的，假如你知道他人的小秘密，请闭上嘴巴，哪怕是对方没有叮嘱你保密，你也不要开口散播。说出去的话，总有一天会传到当事人的耳朵里，那时候你就百口莫辩了。不但你的朋友不再相信你，其他听者也会鄙视你。

那么，对于他人的小秘密，在聊天中你该如何处理呢？

1.一开始就选择不听

当然，若不想承担保守秘密的压抑，你可以选择不听，这是你的权利。如果有人神神秘秘地要告诉你一件事，就算是自己的朋友，你也不妨坦白相告："你最好还是别告诉我啦，我害怕听秘密。"放开无谓的纠缠，彼此独立，彼此保护，也不失为一种恰当的相处方式。

2.闲聊时不提人隐私

隐私是一种个人的收藏品，因为再好的朋友也可能由于某种原因而感情破裂，让他人了解自己的隐私和主动了解他人的隐私都有很高的危险系数。为慎重起见，你应该把与隐私有关的事物拒之于门外。与人交谈时，尽量不涉及隐私话题。

3.不要多嘴打听别人的隐私

不该问的别问，这样其实也是在保护自己。你不问，或者你问了别人也不告诉你，这样你就不会得知某个人的或者职场上的某些机密，即使那些别有用心的人希望通过你来打探某人或者你公司的机密也无从下手。这就是对自己的一种保护。

朋友们，不管处于何种立场，讨论他人隐私都是不道德的。从小处讲，这会让人觉得你说话不注意，不谨慎；从大处讲，你的整个人的素质问题都会被人质疑。总的来说，在生活中，多听少说的策略肯定没错。有时候，如果你表达不善，甚至会招来横祸。

过度劝说，易导致对方心生厌烦

在说服他人的过程中，很多人都会犯一个错误，即过度劝说。人们劝说的原因各种各样，有的时候是想把自己不同的想法和意见灌输给他人，有的时候是觉得别人错了，因而不遗余力地想要纠正他们……不管出于哪种原因的劝说，都应该适度，过度劝说很容易激起别人的逆反心理，导致事与愿违。偶尔，这种烦琐的劝说还会导致对方心生厌烦，最终对你的苦口婆心听若未闻。

凡事都有度，只有恰到好处，才能达到最好的效果。凡事过犹不及，这是一个真理。因此，在劝说他人时，我们除了要掌握方式方法之外，还要掌握最合理的度。这个度，根据被劝说者不同的性格特征，会有所不同。对于敏感和自尊型的说服对象，一旦你让他意识到他的错误，他马上就会自发地改正。在这种情况下，你只需要点到为止，不需要唠唠叨叨，否则会让对方觉得有失颜面。还有的说服对象属于厚脸皮型的，即使你说了好几遍，他也依然我行我素。在这种情况下，你或者让他自己碰壁回头，或者成为一个称职的监督者，不停地提醒和督促他。还有的说服对象自尊心过强，在这种情况下，直接的劝说很容易伤害他敏感的自尊，因此不如采取暗示的方法。总而言之，每个人都有不同的性格特征，唯有针对其性格特征找到最合适的说服方法，并且把握恰到好处的度，说服工作才能事半功倍。

洋洋交了个女朋友，是南方人，身材比较矮小。洋洋本身个子不高，只有1.64米。为此，爸爸妈妈一直期望他能找个高一点儿的女朋友，这样未来孩子才有可能改善基因，突破洋洋的身高。然而，洋洋的这个女朋友只有1.45米，这让爸爸妈妈无论如何也不能接受。尤其是爸爸，一想到将来的后代也许只能长到1.5米左右，简直心乱如麻。最终，爸爸妈妈商量之后一致决定：趁着洋洋还没有和这个女孩有更加深入的发展，劝说洋洋分手。

爸爸妈妈开始轮番轰炸，劝说洋洋。刚开始时，洋洋还能仔细考虑爸爸妈妈的话，毕竟，他自己曾经因为身高的问题感到非常苦恼，从心底里来说还是不希望孩子将来也和自己一样苦恼。然而，随着爸爸妈妈的车轮战，洋洋原本动摇的心不由得坚定起来。他气呼呼地想：找什么样的女朋友是我的自由，你们无权干涉。就这样，他在逆反心理的支撑下，和女孩继续交往，很快就同居了。

力，总是会产生反作用力的。适当的说服，也许可以让当事人迷途知返，而过度的劝说则只会让他变本加厉。上述事例中，洋洋的表现就是最典型的例子。倘若爸爸妈妈一开始的时候能够本着尊重洋洋的态度，像朋友一样和洋洋阐述他未来可能面对的困扰，洋洋很有可能与女孩分手。遗憾的是，爸爸妈妈反应过度，从劝说工作一开始，就打定主意要开展车轮战。这无疑让洋洋非常反感。就这样，洋洋一气之下和女孩同居，把生米做成了熟饭。

生活中，我们常常需要劝说别人。在劝说别人之前，聪明人一定会将心比心，想一想如果自己是被说服的对象，是否希望别人整日盯着自己不停地说。答案当然是否定的，因为没有人希望一直被别人说。古人云，己所不欲，勿施于人。既然如此，我们也不应该用这种死缠烂打的方式去说服他人。大多数成年人都有自己的思想，也知道事情的轻重利害。有的时候，他们只是因为一时冲动，导致思维模糊，因而作出错误的选择。在这种情况下，说服者只需要提醒他，他就会意识到问题的严重性。相反，如果对方已经打定主意坚持己见，那么即使你磨破嘴皮也是没有效果的。综合这两方面考虑，无论是哪种情况，我们都不应该过度说服他人。当说服没有效果时，我们甚至可以放弃说服，让对方碰壁之后自己总结经验和教训，心甘情愿地改正错误，这也不失为一种说服的好方法。需要注意的是，说服并非完全依靠嘴巴去强制性地灌输，实践操作同样也能对说服工作起到辅助性作用。总而言之，说服不过度，效果才显著。

掌握好说话分寸，朋友才会尊重你

我们不得不承认，很多时候，我们因为不善处理朋友间的关系而给自己带来了麻烦。的确，两个人之所以能成为朋友，是由于一定的机缘，且彼此互相欣赏。然而，感情往往是最脆弱的，你与朋友之间的关系，很可能就因为你无心的一句话而破裂。因此，任何一个聪明的人都明白，与朋友交往时，一定要把握住什么该说，什么不该说；什么该做，什么不该做。

王丽是一个比较乐于助人、富有热情的小姑娘，但是朋友们都对她敬而远之，这使得她特别郁闷。

有一次，王丽的好朋友大海穿着新买的西装参加聚会，别人都笑着恭维说："您今天真精神啊！"王丽却在那里大声地喊道："大海，您这是新买的衣服吗？那你可让人家给骗了，这款是去年流行过的啊！跟你说啊，也就是咱们关系好我才跟你说实话。"话音刚落，王丽发现大海的脸色难看到了极点，别人也都感到很尴尬。聚会临近结束时，大海写下自己的联系方式，别人都在夸奖他的字写得好看，"您的签名可真气派，有空的时候给我写个条幅吧。"王丽又不识相地来了一句："你们的确识货啊，我们大海的字能不气派吗？他可暗地里练了三个月了！况且这是他写得最多的字。如果写别的，估计就不是这样啦！"此言一出，全场的人都陷入尴尬之中。从此之后，大海极少与王丽联系。

口无遮拦倒也罢了，更要命的是王丽的性格过于急躁，做事过于心急，稍微有些不合心意就发小姐脾气，让亲戚朋友感到很头疼。小时候，王丽就很没有耐心。她要的东西，必须马上就拿到，否则就哭闹，弄得亲戚朋友都不喜欢她。

上小学时，父母早晨都忙着上班，没时间给她梳头，她只好自己梳，行动匆忙，有时落下一绺头发没梳上去，她就气急败坏地一把拽下来。

王丽的学习成绩名列前茅，同学遇到学习上的困难便向她请教。她在认真讲解了几遍之后，对方要还是没有听明白，王丽就不耐烦地说："你怎么回事？这点问题就想不明白？你学习真是浪费时间！"结果惹得同学很不好受，再也不愿意找她探讨问题。若别人要她重复一下刚才讲过的一句话口，她也会不耐烦地说："我都说过了，谁叫你没听？"她做事也如此，不是把同学的杯子弄破了，就是把别人的东西弄丢了。她骑车有时急匆匆的，下车就走，忘了锁，已经丢了两辆车。和朋友争论问题出不了结果，她就会发怒："算了，我不跟你吵，急死人了。"跟朋友一起走，朋友有点儿事，她就不耐烦地说："能不能迅速点，你真的是太磨叽了，耽误我时间。"就这样，朋友们一个个都离她而去，尽管王丽很热心，但谁也不愿请她帮忙，王丽也只好生活在孤独之中了。

不管是对家人、亲戚还是好朋友，我们说话时都要懂得注意分寸，不可以什么都说，肆无忌惮，其实这也是一种尊重。如果你说多了，那你就极易得罪对方，弄得彼此甚至连朋友都做不了。每个人都有自己的空间，也有自己的面子，不要不要仗着你们关系好，更不要打着为他好的名义去说些有失分寸的话，否则你就会像王丽一般无人喜欢。

聪明人在交友时，一定会给彼此留下一些空间，不会因为关系好而失了分寸，说起话来口无遮拦。古人常说"君子之交淡如水"就是这个意思。所以，为了友谊，为了人生，在人际交往中要和朋友保持一定的距离，该说的可以说，不该说的当着谁的面也不能说，不要因为过分亲密而失去朋友。

1.不要“过于”重视朋友

对一个朋友，不论同性或异性，都不能太过于重视，否则对方会觉得压力很大，会被你的重视压得喘不过气；但也不能过于疏忽，过于疏忽，可能就不会再有联系。有的朋友，你如果太重视他，会让他觉得交你这个朋友很累，因为你太重视他了，让他感到压力巨大。

2.隐私是不可触犯的底线

每个人都有自己的隐私，一般来说，人们总是喜欢把不想让外人了解的心里话告诉自己的好朋友、好闺密，这时候，不管你们关系如何，你都要保守住对方的秘密，也不要拿他的秘密开玩笑，否则有一天你们连朋友都做不了。

3.说话不要太随意

我们与朋友说话也要客气，这样才能够维护好彼此之间的友谊；但是说话也不能太客气，太客气会令人产生一种莫名的距离感，只有陌生人或者关系疏远的人才会那样说话，朋友之间一般不会这么说话，这样也会把好朋友变成陌生人。

交朋友要注意心理距离，或者说要注意交往分寸。零距离的朋友在现实中是不存在的。每个人都是独立的个体，不要老是打听朋友的隐私。自己的秘密也同样不要随便告诉所有的朋友，以免增加朋友的心理负担。掌握好分寸，朋友才会尊重你。

第十一章

量体裁衣，让语言与众不同

不同的说话策划，才能交流顺畅

在这个世界上，绝没有两片完全相同的树叶，也绝没有两个完全相同的人，很多情况下，我们之所以与他人沟通时产生障碍，根本原因就在于我们与他人是完全不同的生命个体。对于生命的独特性而言，这种差异的存在是永恒的。因此，要想更加愉快地与他人交流，我们首先应该学会因人而异，采取不同的说话策略，这样才能使交流顺畅。

任何时候，我们都不应该强求别人适应我们。常言道，出门看天色，进门看脸色。这句话虽然是民间俗语，但是道理很中肯。随着交谈对象的不同，我们也应该采取不同的方式。例如，在与老人说话时，我们必须非常尊重老人，给予老人合适的称谓，这样才能让交谈进行下去；在与孩子交流时，我们就要考虑到孩子天真活泼的本性，多说一些孩子感兴趣的话题，和小女孩谈谈芭比娃娃，和小男孩说说变形金刚，这样才能够勾起他们的谈兴；和女人说话时，如果对方是妈妈，可以说说育儿心经，如果对方是时尚的摩登女郎，那就以时尚为话题；和男人交流，可以以车子或者是旅行作为话题，因为男人总是充满征服的欲望，任何时候都不肯服输……反过来，假如我们和老人谈论化妆品，和男人说起芭比娃娃，和女人说起养老的问题，和孩子说起医疗援助，则无异于对牛弹琴，无论我们多么努力，都会导致谈话毫无效果。从这个意义上来说，谈话能否顺利进行下去，很大程度上取决于我们对交谈对象的判断是否准确中肯。所谓看菜吃饭、量体裁衣，我们只有看人说话，才能把话说好，把话说到关键所在。

19世纪时，维也纳流行歌剧，很多上流社会的妇女一有闲暇，就会戴上高高的宽檐帽子去剧院欣赏歌剧。她们即使进入剧院，也不愿意摘下帽子，因此，她们高高的帽子总是挡住后排人的视线，导致后排的人怨声载道，不止一次地对剧院经理提意见。虽然剧院经理第一时间就要求女性观众摘下帽子，但是大多数女性观众都对其不理不睬，无动于衷。

眼看着剧院里的生意受到影响，剧院经理绞尽脑汁，终于想出了一个好办法。有一天，他赶在歌剧开演之前，站在舞台中央对全体观众说："各位朋友们，为了给予大家更好的观看体验，所以剧院从即日起要求每一位观众都要摘掉帽子看戏，以免影响其他人的观看。不过，为了照顾年老体弱的老年女士，剧院也作出人性化规定，即年老的女士——请听清楚——年老的女士，无须摘掉帽子。"剧院经理的话音刚落，台下坐着的所有女性立即都摘掉了帽子。

对于女性来说，谁愿意承认自己老呢？尤其是要被当成年老体弱的老妪接受特殊的照顾，这是每一位女士都无法容忍的。剧院经理正是抓住女性朋友这样的心理特点，从而成功地让她们都摘掉了帽子，彻底解决了后排人视线受到影响的难题。

朋友们，在因人制宜说话的时候，我们有很多因素需要考虑，比如：听者的年龄、性别、文化水平、心理特征、情感需求、脾气秉性、当时的心境等。如果我们能够在说话之前综合这些因素，就能够做到有的放矢，更好地与对方交流和沟通。当然，在注意到这些因素之后，我们依然要坚持前文所说的诸多原则，如真诚友善、平等对待以及将心比心等，这些都是对交流的加分项，一定不能忘记哦！

巧妙“示弱”，一举将其拿下

前面，我们已经阐述，说服他人必须巧妙攻心，的确，只有把说服的话说到对方心坎儿上，才能真正地说服。而攻心也必须做到到什么山唱什么歌，针对沟通对象的年龄、性别、职位等的不同，我们在沟通的时候，应该采取不同的沟通策略。我们发现，有这样一类人，他们看上去比较“强”，但实际上十分自卑，与这种人交往，你若“以硬对硬”，对方往往会觉得自己没面子。其实，在这种人面前，巧妙“示弱”反倒能一举将其拿下。

亨利·福特是汽车界的巨头，他经营着一家贸易公司。这家公司的业务太忙了，以至于福特的办工桌上每天都堆满了各种催款账单。福特看见这些账单，一般都会丢给经理，让经理自己看着办，而有一天，福特却一改这样的工作习惯。

这天，福特看到一张催款账单，他二话没说，就对经理说：“马上付给他。”

经理觉得很奇怪，就看了下这张账单，乍一看，这张账单和其他人的并没有多少区别，都有标价、金额、货物明细等，但在账单下面还画着一张头像，头像正在流眼泪。

其实，谁都知道，这个催款人并非已经到了因为急需用钱而流泪的地步，这只不过是他的小计谋而已，为的是引起对方的重视，或者博得对方的同情。但事实证明，他的方法奏效了。

同情弱者是人天生的弱点，再铁石心肠的人，内心也有颗同情的种子，而对于那些“吃软”的人，这招更是有效。在与他们沟通时，我们不妨抓住他们的这一心理，在言语上适当示弱，在对方放松警惕心理时，再提出我们的要求，如此一来，完成我们的目的也就容易得多了。

生活中，我们常常会听老人们这样说：“软刀子更扎人！”其实，这就是说软话的好处。当然，这并不是真的要我们装可怜，而是一种说话的技巧。我们在谈话过程中，要硬话软说，同时，我们的态度要不卑不亢。

那么，具体来说，我们该怎样向这类吃软的人说软话呢?

1.扬人之长，揭己所短

使用这一说服术的重心在于不着痕迹地、不卑不亢地把心理优势让给对方，从而达到潜移默化地达成我们目的的效果。

从前，有个做皮革生意的精明的商人，他尤其擅长卖皮鞋，同一时间内，若别人卖一双，那他一定能卖好几双。同行的人都感到很诧异，想跟他学点经验，没想到他只说了五个字：“要善于示弱。”

这五个字让大家丈二和尚摸不着头脑，于是，他解释说："你们发现没，有时候一些顾客来店里买鞋子，他们刚开始并不会找合适的鞋子来试，而是先东挑西拣，先对我们的鞋子评价一番，而这些评价多半都是不好的，好像他们才是设计师、专家。其实我们自己也清楚，他们只不过是希望在看到合适的鞋子的时候方便讨价还价，最终以便宜的价格买到产品。既然如此，我们就不能扫顾客的兴，而应该学会顺应他们的思路、多恭维他们，说他们很会选鞋挑鞋，自己的皮鞋确实有不足之处等，比如，款式不够新颖，但绝对是经典款，鞋子底不能踩出响声，但很柔软、很舒服等。也就是说，不能将自己的产品说得一无是处，找几点你认为的这双鞋子所具备的优点，也许这正是他们看中的地方，这样便足以使他们动心。他们花这么多心思、费这么多唇舌不就是证明他们很喜欢这双鞋吗？善于示弱，满足了对方的挑剔心理，一笔生意就能很快谈成。"这就是他卖鞋的妙招。

这里，这位商人之所以能生意兴隆，主要就是他抓住了客户爱挑剔的心理，懂得示弱。客户挑剔鞋子，实际上是满意鞋子存在的某些优点，如果我们面对客户的挑剔采取反驳的态度以证明产品的可靠，此时，也许我们保住了产品的名誉，但也失去了一个客户。

同样，在说服中，如果我们死守自己的立场，不肯示弱，估计迎来的不是说服的僵局就是以失败告终。

2.硬话软说，不卑不亢

其实，在这里，我们所说的示弱并不是真的在示弱，也并不是非得以眼泪才能博得对方的同情，只不过是用一种说话的技巧以达到你说服、谈判的目的。我们在说服过程中，要硬化软说，同时，我们的态度要不卑不亢。

有位教师，工作一直很努力，自身素质也很高，各项指标都很突出，他原以为自己完全能评上职称，但不知道为什么，他总是评不上。最终，他想，可能是因为与校领导关系搞得不好。于是，他准备去上级领导那儿求求情。

但令他感到意外的是，这位领导表现得很冷漠，他是这样回答这位教师的："评职称是你们学校的事情，这个我可帮不上忙。"其实，这位教师早已想到这一点，于是，他立即说："我之所以来麻烦您，不就是因为学校解决不了吗？对于这个问题，我是逐级反映的，您是这方面的领导，我相信，学校领导还是会听您的建议的，另外，如果下面真的在这方面有问题，您肯定要过问的，不然问题大了，就更不好解决了，您说是吗？"这番话很奏效，这位领导很快改变了态度，事情最终得以解决。

这里，这位教师与其说是在向上级领导求情，不如说是在谈判。很明显，他的话里还有其他一层含义："您负责这方面工作，下面出现问题，您有责任处理，不过问就是失职，您要是不处理好，我就还会向上级反映。"虽然是示弱，却显得不卑不亢，让对方不得不处理此事。

总之，如果我们所说服的对象是服软的人，那么，我们说话不可太强硬。要想让交谈结果朝着我们希望的方向发展，就需要学会适当示弱，激发起对方内心的同情心，令其放松警惕的心理，此时，我们就掌握了交谈的主动权，更易成功达到我们的说服目的。

善用“激将法”，轻松搞定对方

在说服他人的过程中，我们会遇到这样一类人，他们性格外向、好胜冲动，但是，对于我们的话，他们总是摇摆不定，甚至总是问周围其他人的意见。对于这样的人，只要我们能采取一个小小的“手段”——激将法，就能轻松搞定他们。

丽丽是一家商场女鞋某专柜的销售人员，一天，有位年轻时尚的小姐一边打电话一边走过来，丽丽细心听了下：“怎么可能，以我赵倩在公司的地位，就这点小事我办不到？你就等着看吧。”根据丽丽多年的看人经验，她判断出这位女顾客应该是个冲动好胜型的人。

过来一会儿，这位女顾客结束了电话，把手机放到包里，眼光便停在了货柜上的一款新式皮鞋上。但她只是站在柜台前反反复复地看，问一些无关紧要的问题。很明显，她很喜欢这款新式皮鞋，但又因为价格太贵而犹豫不决。

丽丽当然捕捉到了她的这种心理，于是上前问道：“如果这双鞋的价格不能令您满意，您是否愿意再看看别的？”

没想到，听了丽丽的话后，这位女顾客表情坚定地买下了这双皮鞋。

案例中的女售货员丽丽是个聪明的销售人员，她的问话看似很简单，却藏有很深的奥妙。从女顾客的电话中，她判断出女顾客应该是个好胜冲动的人，所以，当她发现女顾客因为价格的问题而犹豫时，便采用激将法激发了这位女顾客的好胜心，继而成功地销售出了这双皮鞋。

那么，激将有哪些方式方法呢？

第一，明激法。

明激即直截了当、充分利用对方的逆反心理，通过一阵“猛雷”给对方当头一棒，从而达到自身的目的。比如，你可以这样说：“我明白，您老不帮忙，可能也是心有余而力不足吧？”这句话在对方心里的分量是很重的，因为每个人都不愿意被人看扁。

第二，暗激法。

暗激法就是借赞他人来贬损对方，达到激将的目的。

除此之外，我们在运用激将法的同时，还得了解对方，因人而异。要对对方的心理承受能力有所了解，如果激而无效，那么也是白费力气。同时，我们还要掌握分寸和火候，语言不能“过”。如果说话平淡，就不能产生激励效果；如果言语过于尖刻，就会让对方反感。语言不能过急，也不能过缓。过急，欲速则不达；过缓，对方无动于衷，无法激起对方的自尊心，也就达不到目的。

为此，我们需要注意以下几点：

1.大庭广众下，对方更容易束手就擒

人人都爱面子，在人多的时候体现得尤为明显。谁也不想让自己在众目睽睽之下丢了面子。因此，在人多的场合用激将法来“对付”好胜之人更有效。

2.尊重对方，不能伤害到对方的感情

在上例中，如果售货员对那位犹豫不决的小姐说：“要买就买，买不起就别看了，看你这身穿着也不像能买得起的人。”那么，恐怕那位小姐不仅不会购买，还会与销售员理论一番，因为这位销售员这样说明显伤害了客户的自尊心，这与激发客户的好胜心的效果完全相反。

3.激将法的目的是让客户摆脱犹豫，但要注意陷阱

曾经有位推销员去一家纺织厂推销名牌毛衣，这家纺织厂基本上都是女工，女人都比较爱美，于是，一群工人围过来看，其中有个很爱说话的女孩子一摸这毛衣，就说质量很差，并且价格太贵了。没想到这位推销员好像不怎么会说话，挖苦那个女孩说：“看您穿这身衣服，就知道是买地摊货的人，恐怕一件卖给你10元钱，你都买不起！”这个女孩平时大大咧咧，但这时，确实自尊心被伤到了，于是，她对周围的姐妹们说：“你们做证，他卖我10元钱一件，我全包了！”销售员一听，只好灰溜溜地跑了。

销售员挖苦客户，结果“搬起石头砸了自己的脚”，让自己下不来台，恐怕这位销售员在那个工厂再也没有市场了，他的这种做法，把他以后的推销之路全部堵死了。

总之，在说服那些冲动好胜型的人的时候，如果对方不买你的账，你不妨利用他的好胜心，但我们在使用激将法时要看环境及条件，不能滥用，要用得恰到好处。

保持良好的态度，用真情打动对方

人际交往中，我们总会接触不同性格的人，当然，也有些人性格急躁、脾气火暴，在与他人沟通的过程中，他们总是显示出不耐烦、不够配合，很容易造成沟通时气氛紧张。说服这样的人，常常令我们感到头疼，毕竟脾气暴躁的人不易相处；但如果我们善用说服术，具备巧妙的沟通技巧，懂得选择适当的方式来平息对方的脾气，那么，即便是脾气再差的人，我们也能应对自如。我们先来看看下面的案例。

一位先生气冲冲地找到销售员小李，说起了前一天在小李这里购买的录音机。

客户："你昨天卖给我的是什么录音机，我才用了一次就不能录音了。你们卖的这是什么产品？质量也太差了。"

销售员："真是太抱歉了，本来买东西是一件很高兴的事情，没想到却给您的生活添了麻烦。真是对不起。请问产品哪里出现了问题？我可以帮您进一步地解决。"（连忙放下手头的工作）

客户："我放了空白磁带，可是就是没法录音。"（态度稍有缓和）

销售员："是吗？那我们来现场操作一遍看看，和您一起找找原因。"

小李让顾客在现场操作了一遍，结果他发现了问题，原来顾客只按了录音键，却忘记了按播放键。

客户："这，真是不好意思。"（一脸歉意）

销售员："不，是我昨天没为您讲解清楚，责任在我。如果您在使用过程中发现有什么不懂的地方或是什么问题，尽管来找我。”

第二天，这位顾客又来找小李，不是为了别的，而是为了再买一台录音机。

案例中的销售员小李是聪明的，面对性格急躁的客户，他拿出了足够的耐心。的确，即便顾客表现得再不耐烦，销售员也不能为了图一时之快对顾客出言不逊。因为一个销售员的态度不仅关系到销售业绩，同时也代表着产品形象。对顾客时刻保持良好的态度，是一个销售员需要具备的基本素质。

生活中，我们有时候会刻意地避开脾气急躁的人，或者看到他快要发作时就及时刹车，但是，我们可以永远不和这样的人打交道吗？当然不可能，我们生活在这个社会中，就是要和各种各样的人打交道，并且要学会说服各种各样的人。那么我们该怎样说服性格暴躁的人呢？

1.用真诚换取真诚

要想表达真诚，最主要的还是在言辞上，要诚恳一些、热烈一些，用你内心迸发的热情来感染对方的情绪。其实，从心理学角度讲，真正有效的沟通必须是潜意识层面的，因为它在沟通中所占的份额是绝大多数的，也就是说，只有真诚地与其沟通，才能换取对方的信任和支持。

2.双向交流

脾气暴躁型的人虽然喜欢操控，但他们并不是不讲理，因此，与他们交流时，你应该做到“坚持”，在听取对方的意见后，你应该表示感谢，然后对与你不同的意见有理有据地进行反驳。如果你真的驳倒了对方，那么他往往会对你刮目相看。

3.避免争吵

任何交流，一旦转化为争吵，就会影响双方情绪，最终导致“双输”。另外，脾气急躁的人，一般自尊心都会比较强，他们不会承认自己是错误的。因此，你不妨大度一些，避免争吵。

4.注意聆听

与人沟通，不能一味地“说”，还要“听”。尤其是这类脾气急躁的人，他们更喜欢倾诉。当然，我们“听”，也不只是简单地带着耳朵听，还需要把对方言语的内容、意思把握全面，这样，当你回馈对方的时候，才能与其想法一致。否则，如果你因为没有听清楚而急于表达自己的观点，那么，很有可能无法达到深层次的共情。

5.肯定对方

性格急躁的人更希望自己被认同，当然，我们在肯定他们的同时，也不能只是简单地对对方说“是的”“对”这些话，而是有技巧可言的。你可以通过重复对方话中的关键词来表达认同，甚至可以重复对方说过的话，这表示你曾认真听对方说话，是一种尊重和重视的表现，这样一来，对方就会对你产生好感。

总之，要想说服那些性格暴躁的人，我们一定要保持良好的态度，不要总是将问题都归结到对方身上，即便是对方的做法欠妥，我们也要用始终如一的态度打动对方。

交换秘密，巧妙打开对方心扉

生活中，我们会遇到这样一类说服对象，他们性格内向、行为拘谨，因为交情不深，不愿与我们沟通，更别说接受我们的说服意见了。此时，我们可以主动泄露自己的一些私密小事儿，当对方觉得我们对其掏心掏肺之后，也就愿意向我们透露心事了。那么，彼此间的亲密感也就建立起来了。不难理解，我们每个人都会跟与自己拥有共同秘密的死党更亲近，也更信任他们，因此，用这样的方法打开性格拘谨者的内心、消除他们的防备之心，不失为一种好方法。

老陈从单位退休后，一直闲来无事，就把眼光盯向了女儿菲菲，不过话说回来，菲菲已经28岁了，是到了谈婚论嫁的年纪了。于是，在老父的逼迫下，菲菲只得把自己交了半年多的男朋友带回家。

这天，老陈准备了一上午，好好备了一桌子菜。菲菲的男朋友是个很害羞的小伙子，在饭桌上，只顾自己吃饭，甚至不敢抬头看未来的岳父。看到这个年轻人这么拘谨，老陈决定好好和这个小伙子谈谈，于是，他对菲菲和菲菲妈说："厨房还炖着鸡汤呢，你们再去看看，别熬煳了。"

等二人离去后，老陈对小伙子说："小王啊，你别紧张，你就把这儿当自己的家。你现在的心情我也理解，当年，我在认识菲菲妈的时候，也去见了老丈人，当时心里也是七上八下的，生怕表现不好，惹老丈人生气……"老陈说到这里停住了。

小伙子接着问下去："那后来呢？"

"后来，菲菲他外公也说了同样的一番话给我听，我就不紧张了。因为这证明他老人家还是蛮喜欢我的。"老陈说完这番话，小伙子和老陈一起笑了起来。笑声引来了菲菲和母亲，母女俩不知道发生了什么事，问他们也不肯说。

令人高兴的是，老陈这一番话后，小伙子明显放松了，还主动向老陈敬酒。一桌饭吃下来，老陈笑呵呵地答应了把女儿交给这个小伙子。

案例中的老陈是个很懂得与人拉近心理距离的人，面对拘谨的小伙子，他主动吐露了自己过去见未来岳父的经历，一番话消除了对方心里的紧张感，双方自然亲密起来。

那么，具体来说，我们该怎样通过透露秘密来让性格拘谨者敞开心扉与我们沟通呢？

1.先多强调你们之间的共同爱好和兴趣，以拉近彼此的距离

这里，你首先要了解对方的兴趣爱好，然后，你可以故作不知地提及自己的兴趣爱好，当双方在这一方面存在共同点之后，那么，你们便轻而易举地拉近了彼此间的距离。

的确，若与对方有共同点，就算再细微的也要强调，人与人之间一旦有了共同点，就可以很快地消除彼此间的陌生感，产生亲近的感觉。这样不但可以使对方感到轻松，同时也具有使对方说出真心话的作用。

2.在获得一定的认同感之后，再主动吐露自己曾经那些无伤大雅的"糗事儿"

比如，当彼此聊及过去的事时，你可以一反常态，主动聊聊曾经失败的事，这比谈自己成功的事更易拉近彼此间的距离。因为老是炫耀自己的光荣史容易让人产生反感，给人留下不好的印象。而主动说些自己的“糗事儿”，我们首先在态度上已经示弱并表示了友好，对方也就没有理由不接受了。

3.掌握一些语言上的技巧

使用“请教”“帮我”等语气，较易获得对方的好感；常用“我们”这两个字可以拉近彼此间的距离。善于用“我们”来制造彼此间的共同意识，对促进我们的人际关系将会有很大的帮助。

其实，不只是与性格拘谨者沟通时需要消除陌生感，在说服过程中，无论与我们交谈的人个性如何，都需要我们炒热气氛，以消除我们与他人之间的陌生感。能不能找到话题比会不会讲话更重要。而这话题，也就是交谈双方共同感兴趣的人和事。对此，我们可以主动地透露自己的一些小秘密，这样可以让对方感觉到你的主动、大方、友好亲切，当对方对你的兴趣产生心理认同感后，就会与你一拍即合、达到情感的共鸣，最终愿意接纳你的建议。

第十二章

箴言佳句，让自信在职场中绽放

充满自信，才能征服人心

爱默生曾说：“自信是成功的第一秘诀，谁相信自己的能力，谁就能征服世界。如果做一件连自己都担心不能成功的事，那么失败的结局在所难免。”在这个世界上，除了你自己以外没有人能欺骗你，没有人能阻止你最终走向成功，这就是自信的力量。其实，自信不仅是成功的第一秘诀，更是征服人心的利器。

有这样一句话：“人活着，或许有不少人值得欣赏，但你最应该欣赏的应该是你自己。”当你对自己充满自信的时候，别人的眼光也会被你吸引，在不知不觉间对你产生莫名的好感；相反，一个内心充满自卑的人，他身上所显现出来的是颓废、迷茫，毫无形象魅力，自然也就无法获得他人的好感。自信产生的巨大力量推动着人们走向成功，与此同时，自信也能够很好地打动面试官，从而赢得职位。

在一次面试中，人事部经理看到了这样一个女孩。他问道：“你只不过是一个专科生，怎么会到我们这样的大企业来面试呢？你不知道我们录用人员的最低学历都是本科吗？”那女孩一点也不胆怯，而是自信地说：“我相信你会给我一个机会的，因为我对自己很有自信。”经理看了看那张年轻的笑脸，嘴里竟说不出拒绝的字眼，他继续问道：“可是，你所学的专业是计算机，而我们所需要的是销售人员，如此截然不同的两个专业，你怎么能保证你能胜任这份工作呢？”女孩坦率地说：“是的，计算机和销售是两个不同的专业，但是，学计算机的也需要与人打交道，而这恰恰是销售人员所需要的能力。而且，我从来不否认自己在与人沟通这方面有过人的能力。”

经理笑了，这个女孩太有自信了。经理有些挑衅地问道：“可是，你的自信来自于哪里呢？”女孩微笑着说：“我的自信跟你的自信一样，你能坐在这里面试我，你是一位自信的职业经理人，而我作为一名来面试的应聘者，我对自己很有自信。我的自信来源于我知道自己能做什么，不能做什么。”就这样，经理当即决定录用这位女孩，后来，他在工作中对那个女孩说：“虽然你的学历达不到我们的要求，但你的回答是我最满意的，你的自信打动了我。而我明白，一个自信的人是有足够的能力去干一些事情的。”

虽然自己在各方面的条件都不如一起前来面试的人，但是女孩的自信是无人可比的，而恰恰是这份自信打动了人事部经理，也使她获得了那份工作。在生活中，那些对自己充满自信的人，他们身上有着一种非凡的魅力：神采奕奕，精神百倍，任何时候都给人一种活力四射的感觉。如此的形象魅力，可以很好地打动他人，从而赢得他人的好感。

在日常生活中，一个人在与人交谈的时候，面无表情、没有动作是不可能的，尤其是当一个人对自己有些不自信的时候，他的手部往往会情不自禁地做出一些泄密的小动作。现代科学研究表明，手是人体中触觉最敏感、肢体动作最多的部位。因此，我们完全可以通过观察一个人说话时的手势动作来捕捉对方内心潜藏的信息。而且，手势也是可以展露一个人的内在信心的，这可以称为“自信的手势”。如果一个人对自己充满了自信，那么，他的这种心理会通过手势表现出来，达到彰显自我的目的；相反，若是对自己缺乏应有的自信，这样的心理也会在手势中展露无遗。

没有来得及找好下家就辞职的小王，这段时间正忙着赶场面试。这天下午，他接到了两个面试通知，都是他比较喜欢的工作。于是，他把一家公司的面试安排在上午，而另一个安排在下午，中午还能吃个饭休息休息。

可是，等到面试那天，小王竟破天荒地睡过了头，起来的时候已经九点半了。他急忙洗漱，整理面试资料，等赶到公司已经是十点半了。他刚气喘吁吁地坐下，经理就走了进来，没说两句，公司副总也走了过来，想看看这里的面试情况。

顿时，小王的紧张一下子就到了顶点，在介绍自己工作经验时不自觉地摸自己的鼻子，尽管他并没有感冒，也没觉得自己鼻子有多痒。副总脸上露出了不耐烦的表情，小王心里更慌乱了，本来自己昨天还做了准备工作的，可是，一紧张什么都忘记了。一会儿，副总就出去了，剩下的面试官问了几个无关痛痒的问题，就匆匆结束了面试。小王明白，这次的面试完全让自己搞砸了。

一个人在说话的时候摸鼻子，给人的第一印象就是不太自信，而小王正是因为这个小小的动作失去了一份好的工作。如果小王手心向上，两手向前伸出放在腿上，手的位置基本上与腹部等高，这样的姿势就会给面试官一种坦诚的感觉，并使对方觉得他充满着热情与自信。当然，在面对他人的时候，手势不能自信过头，否则会让人感觉容易受到攻击。比如，将双手握得太紧，手指交叉，这就会给人握紧拳头想要打人的感觉。

那么，哪些才能算是自信的手势呢？

1.“寻求信心”的姿势

通常情况下，一个女人常见的“寻求信心”的姿态是：把手缓慢而优雅地搁在喉咙上，当然，如果她戴了项链，那这样的手势就会被掩盖住了。另外，还有一种“寻求信心”的姿势是紧捏自己的手掌部分，这样的手势传达出一个人因焦虑等原因而信心不足的信息。

2.塔尖式手势

塔尖式手势就是指将双臂放在桌面上，十指对应相抵，与拜佛的手势极为相似，但掌心是分开的。心理学家认为，那些自信的人经常会用到这样的手势，以显示自己的高傲情绪。有时候，上级对下级也会出现这样的手势，向下级所传递的信息是“情况早在我的意料之中”。另外，这一手势在从事会计、律师等行业的人身上也使用得比较普遍。

3.热情而自信的手势

当你向人们解释某些问题的时候，让你的两只手自然地放在一起，或采用手心向上的动作，这样的手势显得热情而自信。如果你对自己所说的话有很大的把握，可以先将一只手掌心向下向前伸，然后从左向右做一个大的环绕动作，就像你能用手覆盖住要表达的主题一样，这样说明一切尽在你的掌握之中。

在与他人的相处过程中，如果你希望你所说的话被对方所接受，那么，就应该在心里树立信心，不要妄自菲薄。如此一来，你的身体语言就会像你的话一样令人信服。通常情况下，我们在进行语言表达的时候，为了辅助语言的表达效果，会适当地增加身体语言，在这时，自信的手势恰好能起到辅助语言表达的作用。所以，在说话的时候，要常用自信的言行，以此彰显自我。

深思熟虑，才能侃侃而谈

在领导面前谈工作，切忌一知半解，而应深思熟虑后再谈工作，从而让领导感受到你的工作能力。在现实工作中，领导的工作本来就比较繁忙，因此他不会把太多的时间花在与下属讨论工作上，他希望下属在进入自己办公室的那一刻，脑海里已经想好了如何说话，具体需要汇报什么工作，该简则简，不需要说的话一句话也别多说，因为领导的时间是极其宝贵的。但实际上，许多下属性子比较急躁，也可以说是稀里糊涂，他们有可能刚摸清了一件事情的一点情况就急匆匆地进入办公室报告给领导，他们认为，自己如此卖力，及时地将信息送到，应该会得到领导的赏识，谁料领导只给出了一句话，“等你完全弄清楚之后再告诉我”。其言外之意，就是要求下属深思熟虑之后再谈工作，否则就是白白浪费领导的时间。

任何人都应该明白，一知半解和深思熟虑是两种层次。“一知半解”，也就是知道得不全面，理解得也不透彻，对一件事情，你所知道的有可能只是皮毛；对一个问题，你所理解的有可能不过是表面意思。这样一种理解的程度，又怎么可以在领导面前展示呢？即便你真的在领导面前说了，领导也只会对你形成这样的印象：“工作能力比较差。”

反之，“深思熟虑”，也就是细致审慎，深入细致地考虑，简单地说，也就是考虑清楚之后再说，这样的理解程度应该是算高深的。在领导面前谈工作，若是经过深思熟虑之后再说话，那领导肯定会称赞你“精明能干”。在以后，领导若是碰到什么难题或工作，也会特别邀请你一起讨论，这样一来，你与领导之间的关系就越发亲近了。

小马刚刚大学毕业，进入这家广告创意公司。小马本身就是一个内敛的人，他从来不多言多语，给人一种沉稳的感觉。

这天，他拿着刚做出的广告文案走进经理办公室。经理正在批阅文件，一看是新员工小马，就放下手中的文件，询问道：“牙膏创意广告写出来了吗？怎么样？我想先听听你的说法，然后再决定要不要看。”小马在这之前已经作足了准备，因此，听到经理这样询问，他就开始侃侃而谈：“这次牙膏创意广告，商家需要突出牙膏清新的特点。这就是一个突破口，这表示这个产品除了具备牙膏本身的特点以外，还具备洗漱之后口气特别清新的特点。这样一来，我们大可以在清新口气上面做文章，比如，早上刷牙之后，连家里的宠物狗狗都忍不住过来亲亲，还有在公交车、电梯等场所，口气清新可以让更多的人愿意靠近你。针对这个想法，我写出了几个类似的场景广告，希望经理能看看。”

听完了小马有条不紊的叙述，经理赞许地点点头，但他很想难为一下这个年轻的小伙子。对此，他问道："你对商家有多少了解呢？因为咱们做广告创意的，不仅需要创意好，还需要符合商家的胃口。"小马回答说："其实，在我接到任务的那一天，我就上网查阅了许多关于这个商家的资料，也看过他们之前所做过的广告。我发现他们特别强调公益方面，也就是除了推销自己产品以外，他们热衷于在广告中加入公益的元素。对此，在这次的广告创意中，我也添加了这样的因素。"

经理笑了，没想到小马如此深思熟虑，不仅赞叹："小马，好好干，我会很认真地看你所写的广告创意，希望以后你会成为广告界的新星。"

在这个案例中，小马在与经理谈工作的时候，并不是毫无准备、一知半解，而是经过了仔细考虑，有备而来。因此，在整个回答经理问题的过程中，他侃侃而谈、有条不紊，从其语言表达中，可以看出其卓越的工作能力。

如果说"一知半解"只是皮毛功夫，那"深思熟虑"则是有深层功力了。在职场或官场中，领导的双眼就好像是火眼金睛，他能通过你的语言表达清楚地分辨你的工作能力如何。如果你说话总是支支吾吾，半天不说一个字，那他就会把你归纳为"一知半解"；如果你针对一个问题能侃侃而谈，甚至滔滔不绝，那领导则会将你归纳为"工作能力强"的一列。

保持谦虚谨慎，方能亲近老同事

一位职场新人向心理专家诉苦："在办公室里，有位工作了三四年的老同事让我很心烦，平时不管我做什么事情，他都喜欢过来指指点点，我真的好苦恼。”其实，他的苦恼应该是每一个职场新人都曾经遭遇过的。对于每一位职场新人来说，初到公司的第一步就是与老同事搞好关系。为了“讨好”老同事，职场新人应该时刻注意自己的言行举止，尤其是语言方式，请记住这样一点：在老同事面前，说话要表现得弱一点，保持谦虚谨慎，方能亲近老同事。

小雨刚到公司不久，主管就安排他与一位老同事一起写一份计划书。两个人在确立计划书的方式时，小雨提出了自己的看法，可是，老同事以不屑的口吻说道：“小伙子，你想邀功的心情我理解，但你才进来，还是低调点好，小心‘枪打出头鸟’哟！”小雨心中很生气，但是，他冷静地想了想，老同事是干了十几年的老职员，如果与老同事发生了矛盾，对自己今后的工作十分不利。于是，小雨诚恳地说：“我其实并不想邀功，只是希望与您合作能够干出点成绩来，不管用谁的方案，报上去时都用您的名字，我就当好您的搭档。”听了小雨诚恳的话语，老同事终于同意了小雨的方案。

大多数老员工会凭着自己资历深厚而对新人的言行举止百般挑剔、抵触或者根本不认同，处处干涉、事事指导，让一些职场新人无法施展自己的能力，工作总是受牵制。另外，一些老员工还有一定的戒备心理，他们在工作上很保守，不愿意指点、帮助新同事，害怕“教会了徒弟，饿死了师父”，在这样的情况下，难道新人就无计可施了吗？当然不是。谁都喜欢谦虚的孩子，老员工也是人，如果你言语中处处透露出尊重、谦虚、诚恳，那么对方也一定会被感动，并愿意成为你的“职场老师”。

1.说话要尊重

即使在办公室遇到了倚老卖老的老同事，面对他们，我们也应该处处流露出尊重的态度。要善于发现其优点，不要反驳老同事的看法，不要与之发生正面冲突，给予老同事最充分的尊重才是上上之策。

2.投其所好，与之建立互惠互利的关系

进入公司一段时间后，即使是新人，也应该对老同事的喜好、个性有了一定的了解，那么，在与其谈话的时候，就要投其所好，聊对方感兴趣的话题。另外，在办公室里，自己包揽一些小事，如端茶倒水，这些是新人应该做的。给老同事留下好的印象，那么他在工作上就一定不吝赐教。

3.拒绝要诚恳

有的老同事喜欢指使新人去做一些琐碎的事情，职场新人对此不要生气，即使自己真的很忙，或许实在不想被指使，也应该学会委婉地拒绝。当然，话语一定要诚恳，比如，“不好意思，我真的很忙，手上正好有一个计划需要赶写出来，而且，今天就要完成”。只要你用尊敬的态度、诚恳的语气，相信老同事一定会因此谅解你的。

学会鼓励，激发下属无限潜能

每个人都渴望鼓励与赞扬，哪怕只是一句简单的赞语，也能给人带来无比的温馨和振奋。某企业家说：“人都是活在掌声中的，当部属被上司肯定、受到奖赏的时候，他才会更加卖力地工作。”换句话说，巧妙的鼓励与赞扬，可以激发出下属无限的潜能。鼓励与赞美合乎人性的领导法则，得体的赞扬，会使人感到开心和快乐，这时候，下属会发出这样的心声：“他很清楚地赞扬我的表现，我就知道他是真正地关心我、尊重我，并且熟悉我的工作内容。”同时，领导者会得到意想不到的回报，那就是当下属感到自己的表现受到肯定和重视的时候，他们会以感恩之心表现得越来越出色，越来越精彩。

工作成绩被肯定，是下属的价值得到了最期望的肯定，当他们得到赞扬和鼓励之后，会本能地焕发出更多的光和热。既然如此，领导者为什么不学会慷慨一些呢？尝试着去寻找下属身上值得自己赞扬和肯定的东西，鼓励对方，并真诚地告诉他。领导最基本也是最关键的工作是管理，而管理的本质是激励，这恰恰需要赞扬和鼓励所达到的效果。激励既是行为的钥匙，又是行为的按钮，按动什么样的按钮，就会产生什么样的行为。领导要想“下属能够跑起来”，就需要激发出他们的全部潜能，拿到激励那把钥匙。著名的海尔企业的用人理念是“人才是激励出来的”，而海尔企业也认为激励是提高员工素质最有效的手段。

美国历史上第一个年薪过百万元的管理人员叫史考伯，当时他是美国钢铁公司总经理。记者曾问他：“你的老板为什么愿意一年付你超过100万美元的薪金，你到底有什么本事？”史考伯回答：“我对钢铁懂得并不多，我的最大本事是我能使员工鼓舞起来。而鼓舞员工的最好方法，就是表现真诚的赞赏和鼓励。”把话说得通俗些，就是史考伯年薪过百万元是因为他善于赞美他人。每一个人都渴望自己受到别人的赞美，希望自己的价值得到认可，这主要是源于其自尊心和虚荣心。

赞扬与鼓励，不仅能满足下属的心理需求，还能够增强下属的自信心，激发出下属的无限潜能，促使下属不断地取得进步。

生活中是不能缺少赞扬之词的，有了赞美才有了愉悦的心情，才能与他人建立和谐友好的人际关系。作为领导者，我们不仅要学会赞扬，更要不吝于赞扬，每位下属都有他的闪光点，当我们发现了下属的优点的时候，就要大方开口赞扬，不能吝于赞扬。

做善于替领导解围的“及时雨”

有一家公司新招了一批员工。在老板与大家的见面会上，老板逐一点名。

“王曜（迪）。”

全场一片静寂，没有人应答。

一个小伙子站起来，怯生生地说：“老板，我叫王曜（耀），不叫王曜（迪）。”

人群中发出一阵低低的笑声。

老板的脸色有些不自然。

“老板，对不起，我是公司的打字员，我在打字的时候打错了，我的失职。”一个精干的姑娘站了起来，说道。

“你看看你，这样的错误怎么能犯呢，以后可要细心点。”老板挥挥手，接着念了下去。

没多久，那个主动揽错的姑娘被提升为公关部经理，那个叫王曜的员工则被解雇了。

大部分当领导的人都是比较爱面子的，特别是在下属面前。如果他在公共场合遭遇尴尬，那定会令他非常沮丧难堪。这个时候，下属要是能站出来帮领导解围，缓和一下尴尬气氛，领导必会对其心存感激。相反，你要是在旁边看笑话，领导对你的印象将大打折扣。

赵庆一直是单位里默默无闻的小职员，有什么好事从来没有人会想到他的头上去，当然，坏事也从来不会找到他的头上。在办公室中，赵庆的地位接近于最纯正的自然状态，就是一个可有可无的角色。

进单位工作已经有一年多了，除了和赵庆有工作往来的三四个同事，单位里就没有人知道还有这样一个人。这一点使赵庆很郁闷，因为自己的不善言辞，他吃了很多亏。像这样的工作状态，他在单位再干一辈子也难有出头之日。

人生有很多时候会发生一些很意外的事情，比如，赵庆就遇到一个难得的机会。一次，因为下班比较晚，他遇到了正在往办公室走的王经理。王经理看了赵庆半天，问道：“小伙子，你是咱公司的职工对吧？”赵庆连忙回答是的。王经理笑着说：“那太好了，我今晚上有个应酬，还担心没人一起去参加呢，你快收拾收拾，跟我一起去一趟。”

赵庆和王经理一起来到一家酒店。落座之后，大家开始喝酒。因为赵庆要照顾王经理，几乎没有怎么喝酒。他只是一直看着王经理他们之间在怎样交谈。赵庆觉得，这样可以学到很多平时接触不到的经验。

回单位的时候，王经理在办公室门口吐了一地的脏东西，那样强烈的气味让一些上夜班的员工闻到就赶了过来。这个时候，王经理已经很清醒了。

赵庆却开始装醉，嘴里不停地絮叨着“我没醉”“我还要喝”大家都以为是赵庆喝醉了，吐了一地。

后来，赵庆很仔细地打扫了地板，并送王经理回家休息。王经理对赵庆的印象是深刻而美好的。很快，赵庆获得了升职的机会，而且，因为王经理的提镌和帮助，赵庆的工作干得顺风顺水。而这一切其实都源于那一次为王经理摆脱困境、化解尴尬。

可见，替领导解围不仅能让领导化尴尬为愉快，也能为自己带来诸多好处。所以，在职场中，我们不能持有冷眼旁观的思想，而应学习那些机智的人，做善于替领导解围的“及时雨”，随时准备为领导伸出援手。

智者千虑，必有一失。上级是人不是神，决策也难免会有失误之时。此时，会共事的下属，会适时大胆地站出来为上级做解释与协调工作，为上级挽回面子。关键时刻把错误揽在自己身上，给上级添足面子，这样的下属不是投机钻营，而是真正了解上级的所想所需。

总之，简简单单的一句话，需要你的勇气和智慧，如果说好了，你的光明之路将从此打开。所以，我们要把握各种说话的时刻。在领导最需要的时刻，在领导难堪的时候，聪明的你，不妨及时勇敢地站出来，为他排忧解难，解除尴尬和困窘。

1.甘心淡化自己的地位

在权力职责的职场舞台上，领导是名副其实的“一号主演”。下属要建立与领导共同拥有的舞台，就一定要淡化自己的“主演”情结，甘心做“二三号”角色。聪明的下属往往懂得尊重领导、维护领导，因为他们知道这样做往往得大于失。

2.巧妙“插话”

一般的情况下，打断他人讲话是不礼貌的，但在某些特殊的情况下，打断他人讲话，其实是在帮他的忙。当他人正在因为某个话题陷入困境的时候，如果我们适当地插入，不仅不会引起他的反感，还可以替他解围。

3.解围不等同于奉承

要注意的是，在领导面前，“打圆场”不是不着边际地奉承，也不是油腔滑调地诡辩，它是一种说话的艺术。认真学习并掌握这种艺术，注意在特定的场合中“察言观色”，适时得体地“打圆场”，才能有效地帮助领导摆脱尴尬和烦恼，让双方都满意。

人生在世，谁也避免不了犯点错、遇上点尴尬事，领导也如此。每当这个时候，如果你能够挺身而出，通过几句妙语适时地为领导送上台阶，让他们从尴尬中全身而退，领导一定会对你心存感激，对你的信任度陡升。经此一事，你日后的升职、加薪自然也就不在话下。

将真情注入话语，打动客户

在这个世界上，最能打动人的就是“情”，自然，最有效的沟通就是带着感情的话语。事实上，人心都是肉长的，面对刁钻的客户，不失时机地说一些柔情的话，可以调动对方的同情心，彼此之间在感情上靠近了，也就为谈判的成功奠定了基础。在跟客户沟通的过程中，我们可以利用话语来博得对方真切的同情，赢得客户的赞同，从而令其愿意接纳我们的观点和建议。“以情动人”地说话，其目的在于使整个话题重心不偏不倚，使客户获得一种心理上的满足，以影响客户的决策。只要客户被我们的话语打动了，又何愁工作任务不能完成呢？

公司买下了一块地皮，准备建造一座办公大楼，但是遭遇了居民的阻拦。在居民中，有一位爱尔兰的老妇人，她首先跳出来与公司作对。在她的带领下，许多人都拒绝搬走。对此，福克兰对工厂领导说：“如果我们建议通过法律途径来解决问题，就费时费钱。我们更不能采用其他强硬的办法，以硬对硬，驱逐他们，否则我们将会增加更多仇人，即使建成大楼，我们也将不得安宁。这件事还是交给我来处理吧！”

这一天，他来到了老妇人家门前，满脸悲伤，这种行为自然引起了老妇人的注意。良久，她开口发问：“年轻人，有什么伤心事吗？说出来，我一定能帮助你。”福克兰趁机走上前去，说道：“您在这时无事可做，真是天大的浪费呀！我知道您有很强的领导能力，实在是应该抓紧时间干成一番大事业的。听说这里要建造新大楼，您是不是准备发挥超人才能，做一件连法官、总统都难以做成的事：劝您的邻居们，让他们找一个快乐的地方永久居住下去。这样，大家一定会记得您的好处的呀！”第二天，这个强硬顽固的爱尔兰老妇人带领着全部邻居搬走了。

福克兰以柔情的话语成功地说服了爱尔兰老妇人，因为他的话语触碰到了老妇人心中最柔软的位置。在日常生活中，在与客户的交流过程中，只要我们将真情注入话语之中，就有可能达到自己的目的。“柔情攻略”不失为一种很好的说服客户的方式，当然，话语中的柔情需要诚恳而真实，否则客户就会怀疑你话语的可靠性。

1.以情动人

充满感情的话语是能够打动人心的，如果你能够有感情地提出自己的诉求，真切动人，客户多少都会因为同情而接受你的想法和建议的。

2.感情投资

王老板是一个注重感情投资的人，他每次看见了客户都会亲自上前为其沏茶，充满感激地说：“太感谢了，你辛苦了，请喝杯茶吧。”正因为平时生活中的感情投资，所以那些老客户都愿意再次光临，久而久之，王老板的店也日益红火了起来。

3.适当示弱

俗话说：“客户是上帝。”在与客户沟通的过程中，我们需要以一个弱者的姿态来赢得客户的同情。当然，这里所说的示弱并不是真的示弱，而是以话语来博得客户的同情，以达到自己的目的。

参考文献

[1]彩沄心理.心理学与口才技巧[M].北京：中国纺织出版社，2019.

[2]萧杰.心理学与口才[M].天津：天津科学技术出版社，2019.

[3]张卉妍.心理学与口才技巧[M].北京：北京联合出版公司，2017.

[4]汇智书源.一学即会的心理学与口才技巧[M].北京：中国铁道出版社，2017.